早川勝

死ぬ気で行動する人にだけ運は必ず味方する

かんき出版

まえがき

正直に告白しよう。

実は私、**はっきり言って、それほど実力がない。**

何を隠そう、**本音を言えば、大した自信もない。**

私は謙虚さを装っているわけでもなく、かといって、奇を衒《てら》い関心を惹《ひ》こうとしているわけでもない。本当にダメな男なのである。


これまで私は、デキるビジネスパーソンの在り方を標榜《ひょうぼう》し、９冊もの書籍を出版するに至った。それらの本の中には、あたかも凄い実力を発揮し続けてきたような実体験がいっぱい詰まっている。

たしかに、「売れる人・売れない人」の入れ替わりが激しい生保業界での二十数年間において、トップセールスマンを延べ３０００人育て上げ、数千万円の年収を稼ぎ続けることができた〝結果〟に間違いはない。証人も多くいる。

それらの成果や実績は事実であり、嘘偽りは一切ない。**拙著に書き連ねてきたすべ**

ての「行動」も真実であることをここに誓う。

プライベートにおいても同様だ。日に日に充実の一途を辿《たど》っている。

ところが、実際の私は、その実績に見合った「能力」を持ち合わせていない。穴があったら入りたいくらいお恥ずかしい未熟者なのだ。

持って生まれたポテンシャルの差はそう簡単に縮まらないものである。知力・体力・企画力・実行力・問題解決力・応用力は、同業界で活躍している成功者たちのそれと比べたら、天と地ほどの差があるといってもいい。冷静に己の実力を分析すればするほど、「まぐれ」としか思えないのだ。

では、そんな私が四半世紀にわたり、フルコミッション（完全歩合給制）のプレーヤー・営業所長・支社長として、また、本部の統括部長・本部長として、さらには、研修講師や作家として、世間から認知されるまでに活躍することができたのは、いったいなぜだったのだろうか。

そういった桁外れの〝結果〟を出すことができたのは、なぜだったのだろうか。

それは**「運」がよかったから**、である。

断言してもいい。成功とは、決してたったひとりの優れた能力によってもたらされるものではなく、幸運によってもたらされるものであると。

これは私に限った話ではない。

いくら能力が高くても、運が悪ければそれまでだ。せっかくの能力が発揮できない環境にいたり、公平に評価されない理不尽な上司の下にいたとしたら、日の目を見ることはないだろう。

いくら努力を積み重ねたところで、報われない努力もあるはずだ。

残念ながら、能力にも努力にも限界というものがあるのだ。

詳しくは本書で触れていくが、私は、生保業界に身を置いてきた二十数年間で、失脚していく〝報われない実力者〟たちの後ろ姿を数多く見てきた。

人生ここぞのときに、あなたをどん底へ突き落すのも運、あなたを成功へと導いてくれるのも運、なのである。

運を侮《あなど》らないでほしい。

もっといい大学を出ていたら、いい会社に就職できたのに…。

あの部長さえいなければ、出世してお金持ちになれたのに…。

あの人にフラれなければ、幸せな家庭生活が送れたのに…。

ストレスのない職場だったら、健康でいられたのに…。

もう少し才能があったら、夢が叶ったのに…。


あなたもこう思ったことがないだろうか。

運命・宿命・運勢とはどうにもならないものと、あきらめの境地にいる人も多いのかもしれない。

私自身、生保営業の最前線で、「もう限界だ」と心が折れそうになったことを数え上げたら切りがない。

恵まれた結果を出せず悶々《もんもん》としていた私が〝**強運**〟**を引き寄せられたのは――、死ぬ気で行動してきたからだ。**

幸運を味方にした私は、30代後半には、100名以上のメンバーを率い、断トツナンバーワンの生産性を誇る支社長になっていた。私の支社は、主要項目「10冠王」の表彰を受け、メンバーの3分の1にあたる35名がMDRT（トップ〝6％〟の生保営業が集う世界的な組織）会員という、**業界が驚くほどのチームに成長していた。**

年収は、若手営業マンだった頃と比べて15倍の額に増えていた。

営業所長、支社長、統括部長、本部長として、また教育担当の講師として、延べ3000人にもなるビジネスパーソンの指導を通してリアルな現実に触れてきた。

私が現場の実体験を通じて修得したことは、机上で100年学んでも得ることができない**「運を味方にする法則」**だった。具体的にどのような心構えを持って〝行動〟すれば運をコントロールできるのか、私ははっきりと確信したのだ。

本書でお伝えしていく「死ぬ気で行動する」心構えを持つことで、営業成績、マネジメント実績はもちろんのこと、日々の「幸福感」がガラリと変わっていく。

今まで気づくことのできなかった小さな幸福さえも、日々実感できるようになり、その日常の中に「希望にあふれた未来」がはっきりと見えてくるだろう。

幸運な成功者になるためには、天才的なセンスや才能、小手先のテクニックなど要らない。

今からでも、あなたの未来は変えられるのだ。

どうかあきらめないでほしい。

日々奮闘しているすべて人たちに向け、具体的にどんな行動をすれば「運」を味方にできるのか、本書を通して伝えたい。

「死ぬ気で行動する」覚悟を決めれば、後悔しない幸運な人生を送ることができる。

そのために、本書を役立ててほしい。

早川　勝

第1章

アクション×運

もくじ

第2章

仕事×運

第3章

時間×運

第4章

流れ×運

第5章

健康×運

第6章 お金×運

第7章 家族・恋愛×運

第8章 言葉×運

カバーデザイン　小口翔平（tobufune）
本文デザイン　三森健太（tobufune）

第1章

アクション

×

運

01

運のいい人を模倣して、情熱家になれ

運の悪い人に共通している性格、それは「頑固《がんこ》」である。

自分のやり方、自分の生き方をなかなか変えられない。でも〝頑張る〟のである。頑張って勉強し、頑張って働き、頑張って継続する。そのあげくに運の悪いフォームを固めてしまうのだ。

私がどんなに助言しても馬耳東風である。聞いたフリはしてくれるが〝行動〟はまったく変化しない。おそらくその報われない努力はかなり「苦しい」はずなのだが、気づいてくれない。それでも**自分を分かろうとしない**のだ。

不幸な頑固者は、頭の中にインストールされてしまった「悪運ソフト」を一刻も早くアンインストールしなければならないのである。

生保業界で何千人ものプロフェッショナルたちと関わってきた私に対し、講演会の質疑応答で「成功できないタイプはどんな人ですか？」と聞かれることがある。

その質問には、次のように即答する。

「**ネガティブな頑固者**」だと。

彼らはどんなに頭が良くてどんなに弁の立つ営業マンであったとしても成果は出せなかった。ネガティブな頑固者は頭が良すぎるために、「理屈」が先行してしまう。だから、運が向くアクションへと変化できない。

運は理屈ではない。「感性」と「行動」なのである。

一方で、最も多く質問されるのは、「成功できるタイプはどんな人ですか？」である。

その答えはもちろん「運のいい人」だ。

では、運のいい人とはどんなタイプなのか？

ひと言で表現すれば、「**素直でポジティブな情熱家**」である。


あなたの周りにも運のいい「素直でポジティブな情熱家」がたくさんいるはずだ。

あなたが幸せになりたいと思うなら、運のいい情熱家と親しく付き合うに限る。

そして、彼らをモデリングして演じ切ることだ。それを心がけて行動に移すことができれば、未来のあなたも「運のいい情熱家」に変身していることだろう。

これからは、**運のいい人を〝模倣〟すること**である。成功している「素直でポジティブな情熱家」を見つけて、いい意味でのストーカーになるのだ。幸運のエネルギーをあなたのバッテリーに充電するつもりで、できる限りの時間を共にし、模倣することをお勧めしたい。

一緒に食事をする機会があれば、同じ飲み物を注文し、同じ料理に舌鼓を打つ。趣味やボランティアなども共通の活動ができたら最高だ。しぐさ、言葉遣い、気遣い、服装、マナー、挨拶の仕方など、日常の「行動」をよく観察するのだ。

運のいい情熱家を素直に崇拝し、徹頭徹尾食らいついていく。ぴったりと張り付き、一挙手一投足を真似するのである。

時間を共にできない存在であるなら、想像でもかまわない。

「あの人だったら、ここで何をするだろうか」

「あの人だったら、ここで何と言うだろうか」

「運のいいあの人」を判断基準にして〝言動〟を決めていくという手もある。運の悪いあなたの基準で決めるのではなく、「運のよくなる基準」を目安にして生活するのである。上手に真似れば真似るほど、あなたの運気は劇的に上昇するはずだ。

反論もあるだろう。「これでは自分が自分でないようだ」「人の真似ばかりでは個性が死んでしまう」「もっと自分らしく生きたい」

しかし、〝自分らしく〟とはいったい何だろうか。

自分らしく不幸な人生を生きるのもいいだろう。一生このままでよいのなら、どうぞお気に召すままに、である。どれだけ頑固一徹に生きようとそれはあなたの自由だ。私は何も困らない。

しかし、**「運気アップのモデリング活動」を徹底していけば気づく**はずだ。いかに自分が我《わ》が儘《まま》に、自分だけのことを考え、自分中心に生きているかということに。

あなたなら気づくに違いない。

運を
呼び込む
ために

はじめは真似るだけでいい。
幸運の法則は理屈よりも感性と行動で覚えろ。

02

運気の上がるオーバーアクションを繰り返す

ワッショイワッショイと「祭りの神輿《みこし》」をかつぐように、自分を中心とした**エキサイティングな空気をつくり出すと、運気が一気に上がる。**

たとえば私の支社長時代には、自らが主催者となって毎日毎日、全体朝礼を実施してきた。その中でもとくに盛り上がったのが「感謝の100秒スピーチ」という幸運を呼び込むトレーニングである。

数名の社員が交代で一人ずつ全員の前に出て、昨日までに起こった嬉しいエピソードや伝えたい朗報を50秒、本日これから起きてほしい願い事を50秒、計100秒という時間を目安にして「感謝のスピーチ」を展開するのだ。

今日はまだ起きていない出来事であっても「〜という素敵なことがありました」というように〝過去完了形〟にして堂々と言い切るルールだ。

常にポジティブ思考で、プラスの出来事だけをイメージする習慣をつくってもらう

のが一つの目的である。

厳しい保険営業の世界では、試練やトラブルが次から次へと襲ってくる。予定していた大型契約が突然のアクシデントでキャンセルとなったり、同業他社からの猛烈なアプローチで大事なお客様を失ったりと、現実を思うままにコントロールすることができない。悩みは尽きず、不安やストレスから解放されることもないのだ。

本来であれば、毎日のように良いことばかりを探し出し、スピーチすることは至難の業である。だからこそ、「当たり前の日常」の中にある〝幸福〟や、「不幸な出来事」の中にある〝教訓〟を、個々の「前向きな解釈」で掬《すく》い上げ、感謝のスピーチに変えるというトレーニングを実施してきたのだ。

そうしてポジティブなスピーチを皆にシェアしていけば、営業社員たちはお互いに前向きな影響を与え合うこととなり、**思考や行動はもちろんのこと、〝運気〟までも好転していく**のである。

始めたのは外資系生保の支社長時代からで、その後、国内大手生保でコンサルティング部隊を立ち上げたときには、さらにルールがバージョンアップしていった。

「感謝のスピーチ」を誰が発表することになるのかは、当日の朝、私に指名されるまで分からず、**全員が毎日「良いこと」を考え、心の準備をしておかなければならない。**

私の合図がかかると、「はーい！」と元気よく、全メンバーの手が一斉に挙がる。手を挙げない社員は1人もいない。元気に手を挙げないと私に指されることもあるからだ。誰を指名して盛り上げるのかは、私の采配次第である。


初めは単なる挙手だったルールが、やがて、立ち上がって大声を張り上げる、高くジャンプして手を振り回す、踊りながら飛び跳ねる、猿のものまねをしながら手を挙げる、というように**徐々に私の要求もエスカレートしていった。**

朝からいい大人が全員で「ウッキッキー」とオフィスを飛び跳ねている姿を見ていると、感動すら覚えた。あまりの真剣さに、私自身も手を抜くことはできなかった。

「ものまねシリーズ」は、猿のものまねだけに留まらず、ゴリラ、ゾウ、ニワトリ、とヒートアップしていき、さらには、アントニオ猪木《いのき》、志村《しむら》けん、五木《いつき》ひろし、和田《わだ》アキ子、森進一《もりしんいち》、桑田佳祐《くわたけいすけ》と進化していった。もはや、朝礼はバラエティ番組のようになっていったのだ。

名だたる金融機関のオフィスとは思えない、エキサイティングな朝礼シーンであった。これは、正真正銘のノンフィクションである。

この朝礼が全社的に話題となり、本社のスタッフがビデオカメラ持参で取材にやってきたこともあったほどだ。そして、その内容は、翌月の本部マネージャー会議でも上映された。もちろん「好事例」としてである。

やはりそうやって声を出しながら体を動かすと、快楽物質が体中を駆け巡り、不思議なエネルギーが湧いてくるものだ。その場所には、何か見えないものの力とでも言うべき、**「運気」が舞い降りていたことは間違いなく、組織の生産性は全社平均の3倍もの成果を挙げる営業部隊へと成長していった**のである。

その後、チームの業績は断トツトップとなり、ハワイコンベンション・ゴールドプライズを獲得するに至った。

その勝因は、運気の上がるオーバーアクションを繰り返してきたからなのである。

運を
呼び込む
ために

ノーリアクションはNGだ。
身体を使って運を引き込め。

03

「気」が良い場所へ行くと、良質なご縁が得られる

ここで、私早川勝の「**強運なルーツ**」（誕生秘話）について伝えておきたい。

東京の南雪谷《みなみゆきがや》に居を構える我が家は大家族だ。一つ屋根の下に7人で暮らしている。現在、83歳の父と82歳の母は、ともに元気いっぱいで、絵に描いたような健康寿命を満喫している。母は、炊事・洗濯から風呂掃除までもバンバンこなす「スーパーおばあちゃん」。父が日々繰り出す寒い「ダジャレ」も、孫たちには好評だ。

そんな父の今年の誕生会にて、独身時代のおじいちゃんが、いかにして「おばあちゃんを口説いたのか」という裏話を、孫たち（私の3人の娘たち）が聴き出すことに成功したので、ここで披露したい。

昭和30年代前半、もはや半世紀以上も前の昔話だ。

私の母の若かりし頃、あくまで父の証言なので定かではないが、街でも評判の「美

人過ぎる理容師」として一世を風靡《ふうび》していたらしく、父はその床屋さんに足しげく通っていた。

そのときの父には、強力な「恋のライバル」が3人いた。金持ち、秀才、イケメン、である。ちなみに、父はどれにも該当しない「ただの短足な日本人」だ。普通なら勝ち目はない。

さて、その〝強敵〟に勝つために、いったい父はどうしたのか。どんな戦略で母のハートを射止めたのか。

残念ながら、父は「無策」だった。やはり、典型的な昭和一桁生まれの男。**愚直にも、ただひたすら床屋に通い詰めただけ。**消極策の極みである。父は毎週のように髪を切りに行くものだから、当然のごとく、どんどん短髪になっていき、最後にはもう「頭をまるめる」しかなかったようだ。

結局、その「マメな想い」が通じたおかげで、この世に誕生できた私が、今こうして「マメに」執筆活動を続けていられるわけだが……。それにしてもあぶないところだった。この世に私が生まれてこられたのも、まさに、「紙一重」ならぬ、「髪一重」であった。

やはり私は、生まれる前からツイていたようだ。

とはいっても、ただマメに通ったというだけでは、「結婚」という重大な決断には至らない。では、最終的に母が結婚を決めた〝要因〟とはいったい何だったのか。

元々、母が育った家庭というのは、厳格といえば聞こえはいいのだが、いわゆる男尊女卑の思想を持つ母の父（私の祖父）による独裁的な一家であった。その時代では珍しくはなかった明治生まれの無骨な祖父の「ちゃぶ台返しの星一徹」のような日常である。

それに対して父の家庭というのは、女性中心（姉が2人に、妹が3人）の明るい雰囲気に包まれていたらしく、母はその温かな光景を目の当たりにして、強烈なカルチャーショックを受けたという。父の妹たち（私の叔母たち）が、冗談を言って笑いながら居間で寝そべっている姿など、母の実家では「あり得ない」ことだった。母は、ただただ驚き、感動したわけである。

母が結婚を決めた理由、それは、父の魅力ではなく、「温かい家庭の空気」だったのだ。

図らずもデートコースを「家」に選んだ素朴な父の〝無策〟が功を奏したのだから、人生とは分からないものである。

「気」の良い場所というのは、良質なご縁が得られるという好事例だろう。

母は気づいていなかったかもしれないが、おそらく、場所の「気」に惹《ひ》かれたのだ。場に流れる「気」によって、人の運命は大きく変わっていく。

男女の縁談だけではない。商談や面談などあらゆる良質なご縁は、「気の良い場所」で決まっていくのだ。

だから、何事も場所を選ばなければいけない。

雑然とした場所には、幸運は訪れないもの。あなたが純粋に「心地よい」と感じる場所がいい。決して飲食店などの行列に並んではいけない。流行の場所に流されず、いつも心休まる場所で過ごしてほしい。

理屈ではなく「感じる」のだ。

どうか感性を磨いてほしい。運気を引き寄せるあなたの感性をピカピカに磨けば磨くほど、ますます〝良きご縁〟が押し寄せることであろう。

運を
呼び込む
ために

流行の場所に流されず、心休まる場所で過ごせ。

04

高級住宅街だけに絞って、ジョギングをする

私は運気を引き寄せるためにひたすら走っていた時期があった。

ダイエットや健康のためという表向きの理由もあったが、**本当の目的は「運気アップ」である。**「幸せに向かって走れ！」というスローガンを掲げ、走るリズムは「ツイてる！　ツイてる！　ツイてる！　ツイてる！」であった。

20代はランニング、30代ではジョギング、40代になると走ったり歩いたりのジョグ&ウォークとなり、50代の今となってはほぼウォーキングである。

私は決して無理をしない。長く動き続けるためには「頑張り過ぎない」のがコツのようだ。

今年のお盆休みは11連休を取得し、執筆に集中しようと書斎に籠《こも》った。英語圏では、自分が好きで選んだ仕事のことを「Ｖａｃａｔｉｏｎ」と呼ぶそうだが、まさに私の

場合は「執筆活動」がバケーションということになる。

ただ、執筆ばかりで運動不足にならないよう気分転換も兼ね、毎日1時間のウォーキングを実行することにした。自宅の南雪谷から池上本門寺《いけがみほんもんじ》まで早歩きで片道30分、石段を登ってゆっくりお参りをし、往復してくるという期間限定の「修行」としたのである。目的地が〝厳か《おごそ》〟であると、歩く意味も重みを増す。

そう、まさに本書はそのウォーキングと同時進行で書かれた作品なのだ。日々、池上本門寺へ通い詰めた中で「仏様」から受け取ったお告げを参考にしたメッセージ本になっている、というのは私の気のせい、思い込みだろうか。


さて、時代は私がジョギングをしていた30代後半に遡《さかのぼ》る。私が名古屋支社長として赴任後はしばらく苦戦が続いたが、夜の接待もほどほどに、朝の5時から走り始めた途端、運気が急上昇していった。

走るスピードや時間は、そのときどきで様々だったが、**走るコースは決まっていた。そう、〝高級住宅街〟である。**

一社《いっしゃ》、星ケ丘《ほしがおか》、覚王山《かくおうざん》、ときには八事《やごと》まで遠征することもあった。河川敷や公園を走るという人も多いと思うが、私はもっぱら高級住宅街をひた走った。しかも、できるだけ「超」のつく豪邸が立ち並ぶ区域を選んだ。

それは、なぜか。人や車の通りも少なく、静かで走りやすい、という理由もあるのだが、実は、高級住宅街というのは、**隠れた〝パワースポット〟**だからである。

高級住宅街は「気」がいい。走っていて他の場所とは違う空気を感じる。

次々と目に飛び込んでくる大きな邸宅を眺めていると、エキサイティングな気持ちになれるのだ。「いつか自分も、こんな豪邸に住んでみたい」という気にさせてくれ、さらなる夢が膨らむ。**このワクワク感をランニングハイの状態で感じることで、高揚感は何倍にもなる。**

私の夢は、「超」のつく豪邸というわけではなかったが、当時のマンション住まいから、その後は都内の一戸建てに移り住んでいるという〝事実〟を振り返ると、「思いが現実化した」としか思えない。やはりワクワク想像した通りに夢が実現したのだ。

その頃を境に支社のV字回復が加速している。これもまた偶然とは思えない。

もし、私がパワースポットを走って、走って、走りまくってハイテンションなマネジメントに臨まなかったとしたら、毎月、目標を達成できなかった40名足らずの弱小支社が、やがて、圧倒的な営業成績を出し続け、規模もトップ、生産性もトップ、すべての項目・指標でナンバーワンとなる100名超の組織へと急成長させることなどできただろうか。

それは実現しなかったかもしれない。

走り続けるパワーもなく、ぬくぬくの布団にくるまって二度寝を楽しみ、ぶくぶくと脂肪を膨らませていたとしたら、連続全国総合ポイント第1位の「スーパーエクセレントブランチ（最優秀支社）」として表彰される強豪支社に発展させることなど、夢のまた夢に終わってしまったに違いない。

これらの幸運を引き寄せた一つの要因は、**高級住宅街をひた走り、そのパワースポットから支社へ届けてきた「運気」のおかげ**であったと確信している。

大した知識も素質も能力もなかった私に**「運が味方」してくれたのは、「行動」を止めることなく、公私共に走り続けてきたから**なのである。

運を
呼び込む
ために

セレブ運を呼び込む聖地《サンクチュアリ》で
想像力を死ぬ気で養え。

05

本当に困ったら神社へ行き、樹齢数百年の大木を抱きしめろ

伊勢神宮をはじめとする全国各地のパワースポットを巡る旅が人気らしい。

あなたも初詣くらいは神社へお参りに行くと思うが、人生の御利益はどうだろうか。

私はとくに神社仏閣に造詣が深いというわけではないのだが、大学生時代に**「鎌倉を愛する会」**というサークルに所属していた。よって、鎌倉のお寺や神社については、それなりの〝蘊蓄《うんちく》〟を持っている。

おそらく私の運がいいのは、大学時代の4年間にたっぷりと鎌倉の神社仏閣をお参りしておいたおかげに違いない。ほぼ毎日、古都鎌倉の研究をしていたし、休日には毎月現地へ足を運んだ。春と秋には鎌倉の寺院に泊まって定期的に「合宿」もした。早朝は境内の掃除もした。トータル百以上の数はあるだろう鎌倉の神社仏閣に対し、お参りで投じたお賽銭の総額は想像もつかない。

だから**私には「運の蓄え」による御利益がある**のだ。

何を隠そう、私の妻も「鎌倉を愛する会」に所属していた後輩部員であったことを考えると、**人生最高の〝幸運〟を「鎌倉」で手に入れた**ことになる。これ以上の説得力もあるまい。妻と知り合ってから30年。鎌倉を愛することで一生涯の「愛」を手に入れたのだから……。鎌倉方面には足を向けて眠れない。

さて、話を神社に戻そう。

あなたが本当に困ったとき、どうにもならないところまで追い詰められたとき、絶体絶命の大ピンチに心が折れそうになったとき、そんなときは深刻に対策を検討したところで仕方がない。書物を読んでも、見識のある専門家に相談しても、どうにもならないことは、もうどうにもならないのだ。あとのことは運を天に任せるしかない。

そんなときは、**神社へ行き、樹齢数百年の大木を抱きしめてほしい**。

不思議なものだ。これほど気持ちが落ち着くことが他にあるだろうか。**大きな安心感で包まれる**とはこのことである。恥ずかしながら、私は生涯に2度だけ、大木を抱きしめるため、誰もいない早朝の神社へ行ったことがある。

人間はちっぽけで弱い存在なのだ。樹齢数百年の大木を前にしてその歴史を感じたとき、自分という存在のあまりの小ささに「じたばたしても仕方がない」という気にさせられるものである。私は**大木を抱いて悠久の歴史に思いを馳《は》せる。**地球上の何十万年の時の流れを思うとき、自分の悩みなどは所詮、些細な出来事であると、肩の力が抜けるのだ。そして、もうどうにも取り戻せない過去に思いを向けるよりも、これからやってくる未来へと思考を向けていくのである。

5000年後の未来を想像してみると、さらに楽になれる。

人は自由に空を飛び回り、電波のように「瞬間移動」が可能になる。人間はもはや食物から栄養を補給しなくても植物のように「日光と水分」だけで生きられるようになる。精巧な「自動翻訳機」によって世界中の言語は統一され、どんな人種同士であっても会話ができ、「テレパシー」でもコミュニケーションがとれるようになる。家やビルは「空中での浮遊建設」が可能になるため、地上の住居はなくなり、地震の被害も皆無となる。

癌《がん》や不治の病と言われていた病気は風邪薬のようなサプリメントですぐ完治するようになり「平均寿命は300歳」を超える。自動車は水や空気で走るようになり、「特殊やわらか合金」の開発によって事故によるケガはなくなる。労働者はすべて「サイボーグ」となり、人間は働く必要がなくなる。

エネルギーは「太陽光のみ」で世界中のあらゆるシステムが稼働できるようになる。体温調節を常に適温に保ってくれる「特殊電子繊維」により、自由自在にファッションを楽しめ、着替える必要もなくなる。「通貨という概念」もなくなり、人は生まれてから死ぬまで、お金の心配がなくなる。争い事や戦争を起こしていた私たちの時代の人間は、北京原人やネアンデルタール人と並べられ、人類進化途上の生物の一種とされてしまう。そうやって、**未来人は世界平和を愛する「人格者」となっていく**のだ。

こんなことを想像しながら樹齢数百年の大木を抱きしめるのだ。悩みなど未来の彼方へと飛んで行ってしまうのではないだろうか。

私たち人類はまだ成長途上の愚か者なのである。だから、うまくいかないのは当たり前なのだ。失敗して当然なのである。

運を
呼び込む
ために

大きな安心感で包まれるパワースポットで、人類の未来を想像せよ。

第2章

仕事 × 運

06

不満は我慢して溜め込まずに、勇気をだして自己主張する

何年か前に、ドラマ「半沢直樹」が視聴率30％を超え、社会現象となったことを覚えている人も多いのではないだろうか。ほとんどドラマを見ない私でさえも、ブームにハマったうちの一人だ。

日曜日の夜は、ハラハラドキドキしながら、かじりついてテレビを見ていた。「やられたらやり返す！　倍返しだ！」という堺雅人《さかいまさと》演じる半沢直樹の決めゼリフと、勧善懲悪のストーリー展開が、私たちをスカッとした気分にさせてくれた。

閉塞感いっぱいの現代社会で我慢を強いられている私たちにとって、半沢直樹はそれを代弁してくれるヒーローだった。

「現代の水戸黄門」とも言われていたが、黄門様と半沢直樹との大きな違いは、印籠《いんろう》という権力で悪を懲らしめるのではなく、部下という弱者の立場で上司（組織）に立ち向かっていく姿勢であった。そこに私たちは深く共感し、思わず拳を握りしめて応

援したくなったに違いない。

私たちの日常では、決して上司に「復讐《ふくしゅう》」など考えない。悪質な上司がいる酷い会社であっても、ただひたすら耐えるか、または辞めるかしか、選択肢はない。上司からのイジメに限らず、理不尽なことだらけの組織の中においては「泣き寝入り」しなければいけないことも少なくないのだ。

しかし、我慢を強いられている私たちも、半沢直樹のように、攻撃的な姿勢で目の前の「敵」と戦わない限り、幸運はやってこないのである。

何を隠そう、数年来、私自身が課してきたテーマが「邪悪な敵と闘う」であった。**私の弱点は、「物わかりのいい寛大さ」であった**のだ。

元々、楽観的な性格である私の場合、攻撃的な敵からの妬《ねた》み行為や嫌がらせについては、「事なかれ主義」で対応してしまいがちだった。どうせ愚か者を相手にしたところで時間と労力の無駄になるだけだからと、「やられたら、やり返す！ 倍返しだ！」ならぬ、**「やられたら、ありがとう！ グッ倍返しだ！」、というふうに、目の前の敵から逃げて（グッバイして）しまう癖があった。**

それが「ポジティブな解釈」なんだと、ずっと勘違いしていた。

悪い現象にも感謝し、愚か者は相手にしない、という生き方は、「金持ち喧嘩せず」的で余裕のある人格者のようだし、平和主義者のようで格好良くも見えるが、それはただ、問題に直面する勇気がなかっただけなのだと、今なら素直に認めることができる。

思い返してみれば、それらの〝ニセポジティブ思考〟がどれだけ私の運気を下げたのだろうと、今となってはぞっとするほどだ。

放っておけば謂《いわ》れのない誹謗中傷や裏切り行為はエスカレートするだけだし、人の良さにつけ込む行為はまさに邪悪な者にとっての常套手段《じょうとうしゅだん》なのである。

あるとき、私は気づいた。**都合の良い誤った解釈で「敵」から逃げてばかりいると、問題の本質は何も解決しない**、という真実に。

最大の敵は「自分自身」だ。邪悪な相手と向き合う前に、自分自身の「正義」の心と向き合うのである。

ドラマ「半沢直樹」に登場するバンカーたちのように官僚主義的な組織で生きてい

ると、私たちもついつい長いものに巻かれてしまいがちだが、そのように自分を偽った行動を繰り返している限り、「運」は味方してくれない。

勇気あるあと一歩の踏み込みによって「幸運の貯金」ができる。たとえ始めの反撃が返り討ちに遭《あ》おうとも怯《ひる》んではいけない。**あなたに蓄えられた「幸運の貯金」は、踏み込めば踏み込むほど倍々返しで運用されていく。**

〝勇気の法則〟を信じてほしい。やられてもやられても立ち上がるのだ。

天は、あなたの覚悟を見ている。

いついかなるときでもファイティングポーズを崩さず、勇気を持って正しく立ち向かうことができれば、良くも悪くも問題の局面は動き出すことになる。

道は開かれるのである。

運を
呼び込む
ために

物わかりのいい寛大さが不幸を呼ぶ。
泣き寝入りしない反撃態勢で幸運を呼べ。

07

ユーモアで人を笑わせる努力をせよ

私がいつも運よく生きてこられたのは、どんな時も人を笑わせてきたからに他ならない、という確信がある。

『笑う門には福来る』という格言は「明るくニコニコしている人には、自然と幸福が訪れる」という意味らしいが、私流の格言は、『笑わせる門には福来る』である。**「人を明るくニコニコ楽しませることのできる人には、笑っている人たちの何百倍もの幸福が訪れる」**という意味だ。

周囲からの私への評価は「面白い人」「明るい人」「元気な人」「よくしゃべる人」「超パワフルな人」である。しかし、ユーモアがあって、しゃべくりが得意なのは、持って生まれたセンスではない。

実を言えば、幼い頃の私は、「おとなしい子」「真面目な子」「静かな子」「無口な子」

「いるかいないか分からない子」であった。

大人になってから現在に至るまで、私は多大なる努力を続けてきた。盛り上げなければいけない、というサービス精神のもとに、どんな時もエンターテイナーを死ぬ気で演じてきたのだ。

大きな交通事故で絶体絶命のどん底生活を味わったこともあったし、不良だらけの成績不振チームの支社長を任されたこともあった。どんなときであっても、決してユーモアを忘れず、人を笑わせてきた。それが、私の最大の〝仕事〟となった。

その結果、「真面目なお笑い伝道師」が誕生したのである。

なぜ、私がその境地にいたったのか。

不思議である。それは神のお告げだったとしか言えない。

しかし、ただ一つだけ確かなのは、人を笑わせよう笑わせようと、必死に自己改革してからというもの、幸運に次ぐ幸運が訪れ、ツキまくりの人生へと変わっていったという〝事実〟である。

そうして**周囲を楽しませてきたおかげで「幸運」が続いてきた**のだ。暗くてダーティーで不幸な人たちを追い払うという厄払いができたと同時に、明るい人たちの多くが「福」を運んでくれたのである。

「楽しいから笑う」のではなく、「笑うから楽しい」とも言われる。たしかに、無理にでも笑っていれば、どんどん楽しい気持ちになってくるものだ。それと同様に、無理して〝笑わせて〟いれば、さらにどんどん楽しい気持ちになるのである。死ぬ気で笑わせてきたおかげで、私はどれだけ苦難から救われてきたか分からない。

幸運を引き寄せる姿勢として、「自分だけ楽しければよい」ではなく、常に「他人をどれだけ楽しませるか」ということに気を配っておくことである。

世界中の成功者を思い出してほしい。ほとんどの人はいつもジョークを飛ばしたり、ウイットにとんだユーモアに長けている。余裕綽々《よゆうしゃくしゃく》の佇《たたず》まいで、**周囲の人々を笑いの花束で包んでくれているのだ。幸運を呼ぶ思いやりの一種だろう。**

近年では、〝笑うメカニズム〟の研究が盛んで、「笑うこと」が人体に様々な良い影響を与えることが、科学的に実証されている。

「笑うこと」によって、副交感神経が刺激されて緊張をほぐしリラックスできる。ストレス解消効果がある。身体が活性化され免疫力がアップする。鬱病防止になる。心臓の病気も予防できる。血行を促進し胃腸の働きを高める。便秘も解消される。お腹を抱えて大笑いすれば、腹筋も鍛えられダイエットの効果もある。

まさに、笑いは百薬の長であり、笑って暮らしていれば医者など必要ない。毎日、笑顔で過ごすだけで心身共に健康でいられ、楽しい人生が送れる。

笑わせる効果とは、他人を健康で幸せにすることそのものだ。それを意識して「行動」に移しているどうかを、「エンタメの神様」があなたを審査しているのである。

皆でお互いを明るく楽しませ、笑って過ごすことができれば、知らず知らずのうちに幸せが運びこまれてくる。

これこそ、「笑いが止まらない話」なのではないだろうか。

運を
呼び込む
ために

人々の笑い声は幸福のシャワーとなって
あなたへ降り注ぐ。
楽しい空気をつくる思いやりの心を育め。

08

リーダーが潔く責任を取れば、チームに幸運が舞い込む

もしあなたが小さいながらもチームのリーダーとしてマネジメントする立場にあるなら、うっかり「悪運」を引き寄せてしまう法則があることを知っておいてほしい。親ならば子供に、先輩なら後輩に、キャプテンや委員長ならメンバーに対しても同様である。

それは、日常的によく起こり得る「部下が失敗を犯したとき」の対処法だ。あなたは失敗した部下に対して、「おいおい、まったくお前って奴は。いったいなんでこんなことになったんだ！」と追い詰めてしまうことはないだろうか。

あなたが部下を信じて任せた仕事であるなら、「ああ〜、やっぱりお前に任せるんじゃなかった」という後悔から怒りが倍増し、「バカヤロー、お前なんか辞めてしまえ！」と感情的に部下を責め立ててしまうこともあるかもしれない。

残念ながら「バカだ、バカだ」と叱責するだけでは何も解決しないのだが、オフィ

スではよく見かける光景である。

さて、失敗を犯した部下の陰では、常に「黒幕」が糸を引いているという〝事件の真相〟をあなたは知っているだろうか。

その黒幕の存在を無視していては、真実が解明されることはない。

いったいその黒幕とは誰なのか。

それは〝失敗の神様〟である。実は、失敗する部下には、失敗の神様という共犯者がいたのである。

すべての失敗には、大なり小なり運不運がつきまとう。**その失敗には「天の意図」が働いている。いわゆる〝教訓〟である。これは部下だけでなく、上司であるあなたにとっても、大きな意味があるのだ。**

にもかかわらず、運をつかさどる神様が天から発しているメッセージをあなたが受け取ることなく、部下だけを責め立てているということは、部下の隣に立っている神様（目には見えないが）を責め立てているのと同じことになるのだ。

悪い結果をそのまま「悪いこと」と解釈しているだけでは、「失敗の神様」は闇の世界を暗躍する「黒幕」でしかないが、「悪いことに隠された教訓」と捉えてみれば、

「守り神」にも見えてくるはずだ。

運のいいリーダーは悪い結果を受け入れる覚悟があるが、運の悪いリーダーは良い結果しか受け入れることができない。

リーダーの「無責任」は悪魔の大好物だ。常に部下だけを悪者にする裁判と拷問を繰り返しているチームというのは、悪魔の巣窟《そうくつ》になってしまう。それはもう次から次へと、「えっ、まさか」「えっ、またか」「えっ、まじか」という不運を引き寄せる。そんな無責任リーダーの口癖は「なんでいつも俺ばっかり」である。

しかし、部下の無能さと「不運」を嘆いているだけでは、いつまでたっても〝悪循環〟から抜け出すことはできない。

そもそもあなたが部下に任せた仕事であるにもかかわらず、失敗を部下のせいにするなど、言語道断なのである。部下が悪いのでも、運が悪いのでもない。あなた自身が全責任を引き受けて解決策を模索し、「どうすればうまくいくのか」という更生へのストーリーを、部下と一緒に考えてあげればいいのだ。

「すぐにできること」
「誰にでもできること」

希望の持てるコミュニケーションを用いて、

「ワクワクできること」という明らかな道筋を示し〝事件〟を解決していくからこそ、同じような失敗が繰り返されることがなくなるのだ。

部下の悪い結果をこれからのチャンスとして捉えられるかどうかが、チームに幸運を導けるかどうかのカギを握る。これはリーダー自身の「運」を引き寄せるチャンスでもあるのだ。

そう、**幸運を呼び込むダブルチャンス**なのだ。

〝天からのメッセージ〟をスルーすることなく、「リーダーの責任」として真摯《しんし》に受け入れることができれば、失敗が起きにくくなるだけでなく、むしろ失敗が成功の要因となるような「災い転じて福となす」展開に、局面は大きく変わっていくのである。

運を
呼び込む
ために

無責任な狡《ずる》さは、悪魔の大好物だ。天使が微笑む責任ある行動を取れ。

09

「ネギップの神様」は、いつも遅刻してやって来る

人生とは、あきらめの連続である。それはもうやるせないほどに、願望を手に入れられることはほとんどない。

みんな薄々その現実に気づいているため、大抵のことは始めからあきらめている。「もしも叶ったらラッキー」という程度の思いだ。だから、ますますそのラッキーがやってこない、というスパイラルの中でくすぶっているのである。

私が奮闘していた営業の最前線においても、周囲には「あきらめの達人」がうようよしていた。

フルコミッション（完全歩合給制）営業の世界は自己責任だと言われている。自己実現のゴールに向かってまっしぐらというストイックな者だけが勝ち残れる厳しい世界だと思っている人も多いに違いない。たしかに、そういった一面もあるが、自己管理とは、一方で「マイペースで、あきらめてもいいよ」という甘い世界でもある。し

たがって、自分の人生に淡泊な人たちは成功することなく淘汰されてしまうわけだ。

ところが、稀に「あきらめの悪い」連中がいるのもこの世界の特徴だ。私もそのうちの一人である。

彼らに共通しているのは「執念深い」「くどい」「しつこい」という粘り強さである。狙い定めたターゲットには、凄まじいばかりの「思い」が込もっている。思いの深さからいえば「念《おも》い」と表現した方が正しいのかもしれない。

冷ややかな周囲からの「バカじゃないの」とか「絶対無理に決まってるじゃん」という**ネガティブな嘲笑など気にも留めず、ものの見事に願望を叶えていく**のだ。

とくに最後のひと踏ん張りはもの凄い。断崖絶壁に追い込まれれば追い込まれるほど、全宇宙のエネルギーを味方にしているかのごときパワーを発揮し、「これだ！」という目的に向かって邁進していく。

私は大昔からその状態を「〝ネギップの神様〟が味方についた」と言い続けている。そう、〝ネギップの神様〟とは、ネバーギブアップの神様の略称である。

淡泊な人たちが陥っている「もう無理だ」「あきらめるしかない」「やめておこう」というタイミングでは、その神様は力を貸してくれず、まだ影も形も見えない。

どうやら、ネギップの神様というのは、いつも少しだけ〝遅刻〟してやって来るらしいのだ。しかもほんの少しだけ、待ちきれずに帰ってしまった直後にやってくるのである。淡泊な人たちは、ある程度待っただけで耐えきれずに帰ってしまうのだが、「執念の男（女）たち」はしつこく待ち続ける。行動し続ける。

そう、成功者はすでに知っているのである。ネギップの神様が「遅刻魔」であるということを……。それを、信じているのである。

だから、待ち続ける。神様が力を貸してくれるそのときがやってくるまで、死ぬ気で行動し、耐え続けることができるのである。四文字熟語ひと言に集約するなら「不撓不屈《ふとうふくつ》」のメンタルだ。まさに〝土俵際〟に追い込まれてからが勝負なのである。

私が外資系生保の支社長として数多くのMDRTを率いて全国ナンバーワンのチームとなり、10冠王のタイトルを獲得したときの**スローガンは、「ホップ・ステップ・ネギップ」だった**。ホップ・ステップしたら、もう大きくジャンプしなくてもいい。それよりも「最後まであきらめるな」というメッセージである。

締切日当日、深夜営業のお客様を朝までかかって回り、徹夜の駆け込みで目標を達成するような営業マンがゴロゴロいた。誰もが最後まであきらめない粘り腰があった。

「よし、今月もネギップで行こう」、「やっぱり、何事もネギップだよね」という言葉が飛び交い、やがてそのフレーズは**私のチームの流行語となっていった**のだ。

もちろん、奇跡的な幸運が次から次へと後押ししてくれたことは言うまでもない。

そのおかげで、いまだかつて誰も成し遂げられなかったダントツトップの実績が並ぶ無敵のチームが出来上がっていったのである。

海外コンベンションの表彰式も終わりに近づいたそのときだ。たしかに、私は壇上から見た（ような気がする）。

微笑みながら私に手を振っている「ネギップの神様」を……。

その日も神様は「遅刻」だったが、最後の檜舞台で「最強のエクセレントブランチ（最優秀支社）の称号」という〝大きな花束〟を私にプレゼントしてくれたのである。

運を呼び込むために

「あと少し」「もう一歩」「ひと踏ん張り」で運を味方につけろ。

10

不幸な人の誘いは断れ

あなたの仕事運をマネジメントしているのは、宇宙の中でただ一人、それはあなた自身である。**あなたの行動＝アポイントを管理監督しているのは、他ならぬあなた自身**であることは、今さら言うまでもない。あなたの本当の味方はあなただけだ。

さて、管理者であるあなた自身は、はたしてあなたの運気アップに必要な「行動＝アポイント」とは何なのか、その優先順位を考え抜いて日々働いているだろうか。

赤の他人の行動にいちいち関心が持てないのと同じように、もしかするとあなたは、あなた自身の運気・運勢に対してあまり関心を持っていないのではないだろうか。

運はコントロールできないものであるとあきらめ、スキルや知識を磨きながら行動＝アポイントをこなしていくという現実路線を歩んでいるのだろう。

もっと評価を上げて出世したい、もっと業績を上げて稼ぎたい、もっとよい仕事をして世間に認められたい、と目標を掲げて一生懸命に人脈を築き、様々な人間関係を構築しているあなたの姿が目に浮かぶようである。立派である。涙ぐましい努力だ。

しかし、あなたは目先のアポイントをこなすことばかりで頭がいっぱいになり、あなた自身の「ツイてる未来」をつくるために誰と会うことが重要なのか、日々の行動をマネジメントできていないはずだ。

何か大事なことを忘れていないだろうか。

「運の観点」を、である。といっても、占い師に依存する生き方ではない。自分自身に興味を持った上で「運を切り開く」生き方を模索してほしいのだ。


たとえば、**どれだけ「運のいい人」と会っているか**である。

取引業者の打ち合わせ、営業先へのアプローチ、業界関係者との情報交換、社内各部署との連携など、関わり合う相手は様々なはずだ。では、その人たちの運気レベルにまで落とし込んで主体的に相手を選んでいるかと問われたらどうだろう。

あくまで前例に従って会う、必要に迫られて会う、勧められるままに会う、誘われるままに会う、という成り行き任せの判断基準でアポイントを決めていないだろうか。

運の悪い相手との無益な仕事は、あなたの努力を帳消しにしてしまうマイナスのパワーを持っている。だから、関わり合う相手は運気の優先順位をつけて選別しなければならない。その判断次第で、あなたの運気は百倍にもアップするし、百分の一にもなる可能性を秘めている。**不幸な人からのアポイントには極力応えないでほしい。**

もちろん、避けられない関係もあることは分かっている。嫌な人とも我慢して付き合わなければならないのが、ビジネス社会の掟《おきて》だ。しかし、そのどうにもならない人間関係もまた、あなた自身の運気が引き寄せているとしたらどうだろうか。

まずは、少しでもいいからそのことを意識してほしい。何も考えずに付き合っている今のあなたよりよっぽどましである。

一般的な傾向として、幸福な人よりも、不幸な人のほうが付き合いやすい。お互いに「不幸をシェア」できるからだ。ある種の傷の舐め合いである。「ああ、この人も不幸なんだ」という仲間意識も生まれ安心する。

反対に、運のいい幸福な人は輝いているため、あなたの運気が下がっているときには、眩《まぶ》し過ぎて見ていられないものだ。ジェラシーやら憧れやらコンプレックスやらと、いろいろな感情がごちゃ混ぜになって、あなたは居心地が悪くなる。

よって、**無意識に不幸なほう不幸なほうへと引き寄せられてしまう**のだ。

自分より不幸な人を見下したり、弱っている人をからかったり、ネガティブな人に同調したりと、そんな人間関係を続けていては、自己成長することはないし、運気も向いてこない。

それでもあなたは、人生に好循環を生み出さない運の悪い人と、まだ付き合い続けるのだろうか。


私は決して、人を差別して付き合えと言っているわけではない。不幸な人を励ましてあげたり、相談に乗り応援してあげるのであればそれでいい。

問題はあなたのスタンスだ。

人脈とは自分自身の運気を映し出す鏡である。ぜひとも鏡の中の自分をよくマネジメントしてほしいものだ。

運を呼び込むために

誰と会うのか、「運の観点」から行動をマネジメントせよ。

第3章

時間

×

運

11

眠る前のポジティブな瞑想が幸せな明日をつくる

睡眠とは、生きるエネルギーを「充電」する時間である。

一日の疲れを癒し、忘れてしまいたい嫌な記憶を消去して、楽しい思い出だけを記憶のフォルダーに上書き保存してくれる――。そうして一日一日をリセットしていく、なくてはならない時間である。

絶望は希望へと姿を変え、みなぎる勇気とパワーに満ち溢《あふ》れた私たちは、「うぉー、今日も一日やるぞー！」と叫びたくなる衝動を押さえつつ、ベッドから飛び起きるのだ。**深い眠りから目覚めたその瞬間、私たちは〝生き返る〟のである。**

さて、あなたは、どのような「朝」を迎えているだろうか。

もしかすると、悪夢にうなされて疲れが取れず、なかなか瞼《まぶた》が開いてくれないのではないだろうか。ベッドの温もりが恋しく、「会社に行きたくない」というマインドで最悪の朝を迎えているのではないだろうか。なんとか起き上がってはみたものの、「あーあ、きっと今日もいいことないよ」と嘆《なげ》いているのではないだろうか。

読者の方々からのお悩み相談によれば、充電エネルギー全開どころか、すでに朝から充電切れで、よれよれな毎日を過ごしている人も珍しくないようだ。

どうして気持ちがリセットされないのだろうか。どうしてプラスの充電がされないのだろうか。どうして〝生き返る〟ことができないのだろうか。

その原因は、眠る直前の「マイナス思考」にある。

眠る前のマイナス思考があなたの不幸をつくっているのだから、その思考を改善することさえできれば、「明日のあなた」は華麗なる変身を遂げているはずだ。マイナスな出来事によって刷り込まれたあなたへのネガティブ・ワードも、目覚めた朝にはオートマチックにポジティブワードへと「置換《ちかん》」されているのである。

私はいろいろな人からよく言われるフレーズがある。「いつも早川さんは朝から元気いっぱいパワフルですねぇ。なぜ、朝っぱらからそんなにハイテンションなんですか」と。

実は私、眠る前の意識をコントロールしている。そのおかげで、冒頭のようなポジティブな朝を迎えることができているのだ。

実力以上にこうして恵まれた運のいい人生を送れていることが、何よりそれを証明している。**眠る前の「ポジティブな瞑想」が幸せな明日をつくってきた**のである。

ここであなたにも、その方法を伝授したい。

まずは、テレビを消してほしい。音楽も止めてほしい。ゲームも手放してほしい。今宵は静かな寝室で読書などいかがだろう。もちろん、前向きになれるメッセージの詰まった自己啓発書や小説を選ぶことだ。私の読者ファンの中には、眠る前に拙著を繰り返し読み続け、営業成績が飛躍的に上がっただけでなく、プライベートでも結婚が決まり乗りに乗っているという人もいるが、あなたには無条件に「好きだ」と思えるお気に入りの著者を選んでもらってかまわない。

そうして読書もほどほどに電気を消して布団に入ったら、眠れぬ夜に「羊」を数えるかのように「人間」を一人ひとり数えてほしい。あなたの好きな人、大切な人、尊敬する人を。目をつぶって一人ひとりの顔を想像してほしいのだ。

すでに亡くなってしまった人でもかまわない。選ぶにあたっては何の理屈もいらない。**無条件であなたが「心地よくなる人」の〝笑顔〟を思い浮かべてほしい**のである。

もしも瞑想の途中で、嫌いな人や憎たらしい人の邪悪な顔が割り込んできたら、もう一度はじめからやり直しである。

寝つきが悪いという人は、羊を百匹数えるように、愛する人を百人数えてみる夜があってもいいだろう。30年前の恩人まで遡《さかのぼ》って思い出すこともあるかもしれない。

限られた少人数の愛する家族・親戚・親友だけを繰り返し繰り返し思い描く夜があってもいい。「満面の笑顔」の人たちのおかげで今のあなたがいて、その人たちのために、あなたは何ができるのか、シンプルにそれだけを考えて眠りにつくのだ。

みんなに幸せな明日がやってくることを祈りながら。

そうしてぐっすり眠っている間に、〝幸運エネルギー〟は自然と充電されていくのである。

運を呼び込むために

ベッドで目を閉じる瞬間に、羊と一緒に「大切な人」を百人数えろ。

12

家族の朝の起こし方を変えると、運が向く

毎日、爽《さわ》やかな朝がやってくる。私は本当に目覚めがいい。

しかし、まだまだ未熟者だった若かりし頃は、寝起きがすこぶる悪かった。毎朝のようにベッドの中で悶絶《もんぜつ》していたほどだ。あまりにも苦しい格闘の連続に、「もう朝なんて来ないほうがいい」とまで思っていた。あきれたマイナス思考である。よって、ゆっくり好きなだけ眠れる休日の朝は、極楽であった。

その後の人生において様々な気づきを得た私は、多少なりとも成長したようだ。今となっては、むしろ休日のほうが早起きになったくらいである。

「寝ておかなければもったいない」というような睡眠への執着がなくなった。反対に「寝ていたらもったいない」と前向きに思えるようになったのだ。

「ただ単に年をとって早起きになったのではないか？」と言う人もいるが、実はそれ

だけではない。

私には大事な大事な「特命」があるのだ。毎朝、家庭内において重要な〝お役目〟を担っている。というか、それを自分へ課しているのだ。

そう、**私は自分で自分のことを「モーニング大使」と呼んでいる。**


さて、私の役割とはいったい何なのか。

我が家には、3人の娘がいる。3姉妹ともにまだまだ未熟者の学生である。当然、寝起きが悪い。鳴り響く目覚まし時計の騒音も、彼女らにとっては子守歌に聴こえるらしく、妻（母）から何度起こされようとピクリともしない。

「ああもう、7時過ぎてるわよ！」

「そろそろ起きないと遅刻しちゃう！」

「いい加減に起きてよ、もう！」

というふうに〝めざママ時計〟の起こし方は、だいたいがネガティブな脅迫である。

しかし、これでは我が家の「モーニング娘。」は、ベッドの奥へ奥へとモグラのようにもぐってしまうだけである。それでもなお、毎朝、モグラ叩きは続いていた。

そこで業を煮やした私が、いつしか代わりに起こし役を担うようになったのだ。

「モーニング大使」が家族を目覚めさせるフレーズはこうだ。

娘一人ひとりの部屋へ「ワッハッハッー」と豪快に笑いながら入っていき、カーテンを思いきり開け放つ。そして日の光を室内へと招き入れ、こう言うのだ。

「さーあ、今日も一日、いいことがあるよ～」

「よーし、今日も最高の一日になるぞ～」

「うーん、今日もいい天気だ、気持ちがいいな～」

というポジティブなフレーズを大声で連呼するのである。

朝一番のメッセージは、これくらい元気になれる言葉でスタートすると、**太陽の光パワーとともに、運気の流れが舞い込む**ことになっている。

ただ、現実問題として、このフレーズだけで娘たちの寝起きが改善されたかというと、それは定かではない。しかし、朝から〝脅されて〟起きることと比較したら、彼女たちの「気分」は段違いに清々しいはずだ。

何より、起こしている私自身の気分がいい。目的は娘たちを起こすことにありながら、自分の言葉で自分自身が励まされていくのだ。

この行動によって、確実に変わったことがある。

それは、私自身の「運気」である。**朝一番から家族をポジティブな言葉で起こすことでポジティブな気持ちになり、朝から「いいこと」が続くようになった**のだ。

朝ご飯がさらに美味しく味わえるようになった。

朝の満員電車の前の席が空いて、座れるようになった。

朝の自主的な勉強会が活況を呈するようになり、営業組織の業績が上がり出した。

というように、数え上げたらきりがないほどに、朝から私の運気はアップしていったのだ。

朝一番、家族へ向かって投げかける言葉をポジティブに変えるだけで、一日のスタートはもちろんのこと、最高の気分で年がら年中ツキまくることになるのである。

運を呼び込むために

朝一番の声出しで一日の運気を上げ、寝ている守り神も目覚めさせろ。

13

早起きは3億円の得

前述した通り、私は早起き体質に進化していった。私の早起きは「成功」の度合いと比例して、目覚める時間がどんどん早まっている。

早起きになったから成功したのか、成功したから早起きになったのか。私の中では、「早起きができるほどに人間的成長を遂げたために、その恩恵として天から成功を賜った」というように解釈している。

自ら成功と呼ぶにはおこがましく、世の成功者の功績と比べたら、私は何も成し遂げていないに等しいのだが、同世代のビジネスマンの平均的な収入と比較してみると、どう少なく見積もっても、「3億円」以上は得をしていると思われる。

そう、「早起きは3文の徳」ならぬ「早起きは3億円の得」なのである。反対に、「夜更かしは3億円の損」でもある。

拙著『死ぬ気で働くリーダーにだけ人はついてくる』（小社刊）に書いた〝飲み会を

開いてもチームの士気は上がらない〟というメッセージの中では、「管下メンバーとの飲み代だけで1億円は無駄遣いした」と自戒させてもらったが、あれもまた夜更かしの代償の一部であったといえる。愚かにも、夜更かしで損した3億円を、早起きで3億円取り戻し、結局、チャラにしたという逸話である。

元々の言い伝えでは、「三文」というのは一文銭がたった3枚のことであり〝ごくわずかな〟という意味でもある。現在の貨幣価値に換算すると百円玉一枚というところだろう。

そこであなたは、わずか百円であっても、得るものがあるならと夜更かし朝寝坊を改める生き方を選ぶのか、それとも「どうせ早起きしたところで百円しか得をしない」のだから、夜更かし朝寝坊を楽しもうという生き方を選ぶのか、どちらだろうか。

すべてはあなたの選択次第なのだが、**「損得」の〝得〟ばかりで計算するのではなく、「徳」を積む修行と考えたらどうだろうか。**

「ほんの少しだけですが、徳がありますよ」というお坊さんが諭す説法のような格言として聞いたほうが、いかにも正しい気がしてくる。

私の人生においても、「死ぬ気の徳」をコツコツ積み重ねたことによって「3億円の徳」になったのだと解釈している。

早寝早起きならば、健康にいいことはもちろん、朝は仕事や勉強がサクサク捗《はかど》るし、良いアイデアも湧きやすい。眠っている間に「疲労」で重くなっていた心の検索エンジンがスッキリと整理され、**朝は脳が冴えに冴えまくるゴールデンタイムとなる**のだ。早い時刻に働く効率の良さについては、今さら説明するまでもないだろう。

大切なのは、早く起きて何をするのか、である。

私の場合、4時半に起きて、まず家の前で体操をしながら「新聞配達」を待つ。早朝過ぎてまだ届いていないことがあるからだ。普通の人は、ポストから新聞を取り出す場合が多いと思うが、私の場合は、手渡しで受け取る。配達の人に感謝の気持ちを込めて「おはようございます」と挨拶をするのは気持ちがいい。

そして、1時間以上かけて新聞の隅々まで目を通す。刻一刻と変化する世の中の動向を知った上で、**「未来」を予測する**のだ。

お気に入りの落ち着いたカフェで**「ひとり戦略会議」**を開くのもいいだろう。

かつて私が生命保険会社の品川支社長を務めていたとき、月曜日のマネージャー会議を早朝6時半から開催していたことがある。私は5時半からスタートしたかったのだが、部下の営業所長から「私の自宅からだと、その時間はまだ始発電車が動いていません」と言われ、仕方なく6時半開始にしたのである。

私はコンビニで全員分のサンドイッチとおにぎりを購入して会議に臨み、皆でお茶やコーヒーを飲みながら、ブレインストーミング的に意見を出し合ってもらった。

すると、**その早朝会議において、奇跡が起きた**。

革新的な採用手法が発案され、それを全員で実行に移すことが決定した。そして、その戦術が大成功に至ったのだ。「早朝会議」のおかげで、赴任前は弱小だった私の支社は、ハワイコンベンションで表彰されるほどに急成長を遂げたのである。

私はそのとき、部下たちに向かって叫んだ。

「早起きの神様が舞い降りた！」のだと。

運を呼び込むために

幸せを運ぶ新聞配達員から、朝刊とともに未来のメッセージを直接受け取れ。

14

映画館には一人で行き、哲学の世界へ引きこもる

私には趣味がない。趣味は仕事である。休日はもっぱら執筆の時間で、保険会社での仕事がよい気晴らしになっている。ある種の変人である。

そんな私にも人並みの娯楽がある。それは、**「ひとり映画鑑賞」**だ。歳を取るごとにナイトショーへ足を運ぶ機会が増えてきた。一人だからこそ、誰にも遠慮することなく「哲学的」な作品を選べるようになった。娯楽作品でさえも、私なりの強引な「哲学的な解釈」をつけてじっくり鑑賞することができるのだ。

たとえば、ＳＦ映画の「インターステラー」。

娯楽大作でありながら、深い「哲学」が描写されていて独特な世界観を放っていた。舞台は砂嵐に襲われる近未来の地球。深刻な食料難により「人類は滅亡する」という現実を突きつけられた主人公の元パイロットは、〝愛する家族〟と〝人類の未来〟

との狭間で葛藤するが、やがて未開の新天地を目指すことを決意する。

人類が移住できる新たな惑星を探すという命懸けのミッションだ。溺愛する娘に別れを告げ、宇宙の果てに旅立つのである。「必ず、帰ってくる」と愛する娘と約束し、強く抱きしめるシーンには、同じ父親としてぐっと感情移入させられる。

遠い宇宙の果てしない孤独の中で、その苛酷《かこく》さに混乱し正気を失う姿もリアルに表現され、人間的な「弱さ」を見事に描写していた。と同時に、**「強さ」をも丹念に描くことで、人間の〝愛の力〟が浮き彫りになっていく**のである。

地球と宇宙では時間のズレが生じてしまい、宇宙船に届く家族からのビデオレターには、年老いていく家族の姿が映し出されていく。そこには、「地球を救うんだ」という人類への思いと、「家族のもとへ帰りたい」という利己的な願いとが対立していく構図が描かれている。しかし、**ラストシーンでは、「人類愛と家族愛は相反《あいはん》しない」というメッセージへと辿り着く**のだから、見事なストーリー展開であると唸《うな》るしかない。

「父親は死ぬ前に何を思い浮かべると思う?」

映画の中の一シーンには、こんなセリフがある。さて、あなたはどうだろうか。死ぬ前に何を思い浮かべるのか。誰を思い浮かべるのだろうか。

やはり答えは、「子供の姿」である。なるほど、私もそうだ。もっと言えば、死んだ後もずっと思い続け、永遠に見守っていきたいと思う。叶うならば、遠い宇宙の果てにいようとも、「愛の力」による救いの手を差し伸べたくなるはずだ。

劇中には、**「人類最高の発明は〝愛〟だ」というセリフもある。**いつの時代も人間を救ってくれるのは、〝愛〟なのだ。

やはり、私たち人間は、「死ぬ気で」人生と向き合うことで、いかにして「愛に生きるのか」ということを学ぶのである。

三次元の地球に生きる我々にとって、想像を絶する宇宙が存在するであろうことは、誰にも否定できないはずだ。何も真実は解明されていない。

しかし、私は「インターステラー」を観て、今までぼんやりと思い描いていた妄想のような仮説がついに確信に変わった。

人の〝心の中に〟宇宙が存在するのだと。宇宙の果てと現在の私たちは〝つながっている〟のだと。すっきりと腑に落ちた瞬間だった。

映画の中での宇宙の果てには、「五次元生命体」が存在するというシーンがある。

〝神の存在〟のような「五次元生命体」には、時間や距離の概念など存在しない。未来も過去もない。

実は、あなたを守ってくれている「五次元生命体」というのは、宇宙の果てからやってきた、ほかならぬ〝自分自身の魂〟なのだ。

あなたが、運、不運に振り回されているとき、「見えないもの」に守られている、「見えないもの」に動かされている、という感覚を持ったことはないだろうか。

あなたの運は〝あなたの良心〟によって操られている。あなたがあなた自身からの「幸運のシグナル」に気づくか気づかないか、それが運命の分かれ道なのである。

クリストファー・ノーラン監督は人間の姿をしているが、その「真実」に気づいている宇宙人に違いない。「インターステラー」が世界的に大ヒットしたのは、当然と言えば当然である。

ぜひあなたも一人きりで孤独な「哲学の宇宙旅行」を体験してみたらどうだろうか。

運を呼び込むために

映画作品があなたへ投げかける「幸運の法則」をキャッチしろ。

15

人生のタイムリミットを死ぬ気で設定する

あなたが叶えたいターゲットに、〝期限の札〟はぶら下がっているだろうか。

「もちろん、目標の期限は明確に設定しています。そんなの当たり前ですよ」というあなたの力強い答えが聞こえてくるようだ。たしかに、常識中の常識である。

しかし、果たして本当にできているのだろうか。

現実はかなり疑わしい。

なぜなら、壮大な夢やワクワクする目標を掲げていながら、肝心の「期限は設定していない」という人が少なくない事実を、私は経験の中でつかんでいるからだ。

「いつか叶ったらいいなぁ」というあやふやな期限の中で〝叶わぬ思い〟に浸っている人がどれだけ多いことか。叶わないからこそ夢を見続けることができる、そんな「不憫《ふびん》な自分」に酔いしれている人がいることは残念でならない。

このまま夢見心地に酔いしれて生きていくためには、○か×かの結果に向かうよりも、先延ばし先延ばしにして生きていくほうが、「不幸好き」な人にとっては都合がいいのである。

期限さえ設けなければ、しゃかりきに努力して追い込む必要もないため、「のんびり」とマイペースを貫くことができる。また、その目標は「努力不足」によって達成できないのではなく、まだ〝そのとき〟がやってこないだけであると、自分をなぐさめることもできるのだ。

「不運」を売りにする悲劇のヒーローやヒロインにとって、〝期限の札〟などというものは、目に見えないように開かずの金庫にしまっておくか、シュレッダーにかけて粉々に葬り去ってしまわなければならない代物なのだ。

ああ、なんという罰当たりな習性なのだろう。これでは、運が味方してくれるはずもない。

〝期限のお札〟は、神社仏閣からいただいたお札と同じように、神棚や仏壇に奉《たてまつ》らなければならない「大切なお札」である。その安置場所を〝聖地〟として、神様仏様に応援していただく、と考えてみてほしい。たとえ、お札の置かれた場所がオフィスの壁やデスクの上であったとしても、あなたが真摯《しんし》に向き合える聖地であると思える場所であればそこでかまわない。

そして、達成しても達成できなくても、その期限がやってきたら、神社仏閣の納札所に札を納め、破魔矢《はまや》やお守り袋と一緒に「焚《た》き上《あ》げ」てほしい。とにかく〝期限のお札〟に対して敬意を払い、しっかりと意識を向けるのだ。

ただ、私は何も神頼みに終始しろというつもりはない。「運」に味方してもらえるよう、ターゲットに向かって時間の許す限り「行動」し続けてほしいのである。

人間には必ず「お墓に入る日」が訪れる。それなのに、あなたはまるで自分だけは永遠に生き続けるかのような錯覚の中で生きている。

人生の〝お札〟に書かれている期限が「死ぬときまで」であるとするならば、あなたにはそのときまでに成し遂げておきたい願望があるはずだ。

しかし、いつ「その期限」がやってくるかわからない。

そう、それは明日かもしれないのだ。

「期限の札」に書かれているのは〝明日〟であることを「覚悟」して、今日という日を精一杯、後悔のないように生き切ること、それが「ターゲット」を引き寄せる生き方なのである。

自分の人生に期限が迫っているということを意識しながら明日の死と真摯に向き合い始めると、〝自分らしい生き方〟が見えてくる。

「そのうち、いつか」と後回しにしていたあなたが「こうしてはいられない」とパワーを発揮し始めるのだ。

すると、**そのパワーには見えない何かが「宿る」**。

〝期限のお札〟に書かれている日付までに実現できるよう、不思議なほどにパワーアップしていく。あなたを後押ししてくれる「運気」が押し寄せるのだ。

どうしても叶えたいあなたの願望を明確にして、死ぬ気で行動すれば運は味方してくれるのである。

運を呼び込むために

ターゲットに期限の札をつけて、今を生きろ。

第4章

流れ

×

運

16

平常心というニュートラルにギアは入れておけ

誤解のないように先に伝えておく。私はギャンブル好きではない。

しかし、マージャンのプロから「君には博才《ばくさい》があるね」と言われたことがある。博打の才能があるという意味であろう。おそらくそれが、**私の「運のよさ」を認めてくれたからこその言葉**であるとするなら、本書のテーマである「運」について語る〝資格〟が私にもあるのかもしれない。

なぜそこまでプロの雀士に見込まれたのかといえば、私は無謀にもプロやセミプロが集うフリーの雀荘へ単身乗り込み、一晩中一人で勝ちまくったという〝勲章〟があるからだ。遥か大昔、私が大学生のときのエピソードである。

その頃の私は、「役満《やくまん》」を何度もあがっている。ルールを知らない人のためにたとえるならば、役満とは逆転満塁サヨナラホームランと同じくらい珍しく、高額な宝くじに当たるくらいの低い確率でしかあがれない〝芸術品〟である。それをひと晩で4回もあがったのだから、いかに私が「強運」であるのかを物語っているだろう。

さらには、「ダブル役満」も何度か経験している。その中で最も難関かつ最大のダブル役満だったのは、「字一色・小四喜（ツーイーソー・ショウスーシー）」という、普通は一生かかってもなかなかお目にかかれない〝神技〟である。手の中の牌はすべて文字の書いてある牌だけで揃える「字一色」と、東西南北の牌を4種類全部揃える「小四喜」を同時に達成しなければならない、まさに「奇跡」の一手なのだ。盆と正月が百万回分も一緒にやってきたようなダブル役満なのである。

始めのツモでいきなりあがってしまう「地和（チーホー）」という珍しい役満をあがったこともある。マージャンの経験者であれば、これらの勝ち方がいかに凄いことなのか、お分かりいただけるだろう。

「麻雀放浪記」に出演した真田広之《さなだひろゆき》がイカサマをやってもここまではうまくいかないのではないだろうか。「まさか、あり得ない」と信じられない人には、ダブル役満の記念に写真を撮り、その裏にメンバーのサインを入れてもらった一枚が我が家のアルバムに貼ってあるので、ぜひ見てもらいたい。

マージャンは運が30パーセント、技術が70パーセントであるという説もあるが、私は運95パーセント、技術5パーセントだと分析している。もっと正しく言えば、〝運を操る技術100パーセント〟なのである。

私の大学生活の大半は、徹夜マージャンに没頭する〝人生修行〟の日々となり、そのおかげで、「運の流れ」を引き寄せる人生の法則を発見することができたのだ。

運を操るには、いかにして〝流れ〟をつかむか、「風を読むか」にかかっている。マージャンというのは、4人で競うゲームだ。それぞれが東西南北の席につき、東から北にかけて親がぐるぐると2周回るまでの点数を奪い合う。まさに、どうやって「運の風向き」を自分に向けさせるのかが勝負なのだが、敵は3人もいるわけで、簡単には勝たせてもらえない。勝利の女神は誰に微笑むのか、風の向くまま気の向くまま、ツキは誰にどう転ぶのか、まったく予想がつかない。

そこで、大事になるのが「平常心」である。

普通の人は、裏目裏目に上手くことが運ばなくなると、カッとなって頭に血が上り平常心を失う。または、「今日はツイてない」とくよくよ嘆き悲しみ、落ち込んでいく。私が「いや〜、○○さん、いつも本当は強いのに、今日は全然ツイてませんねぇ。ホントお気の毒なくらい、ツイてない」などと、同情して追い打ちをかける。するとますます「イライラ」と「くよくよ」がエスカレートしていき、その相手は運から見放されていくのだ。まさに、人生と同じである。

マージャンのゲーム中というのは、何度も何度も選択を迫られ、それを瞬時に決断していかなければならない。結果、その判断が成功することもあれば失敗することもある。すべては「運」次第だ。**いちいち一喜一憂していたら、身が持たない。すべてを冷静に受け入れて、常に「平常心」を保つことのできる精神的な〝強さ〟を持っている人が勝つ**のである。

そして、いざというときに「ギアチェンジ」するのだ。すべての局面でイケイケの人は勝てない。**我慢に我慢を重ね、ここぞのタイミングでギアを上げる**のだ。平常心さえ保つことができれば、「天王山」がはっきり分かる。そして、流れに乗ったらもう一気呵成に攻め立てるのだ。まさにマージャンとは「人生の縮図」である。

運を呼び込むために

風の流れを読み、ここぞのときに帆を上げて勢いよく進め。

17

幸運の絶頂でも浮かれるな

繰り返すが、私はギャンブル好きではない。今ではすっかり足を洗っている。もはや学ぶべき法則は学ばせてもらったつもりだ。しばらく競馬も麻雀もやっていないし、パチンコなどは元々大嫌いである（空気が悪いから）。ラスベガスへ行ったとしても、もうカジノで楽しむこともないだろう。

何よりも人生こそが最大のギャンブルなのだから。人生でワクワクどきどきを楽しめばいいと思っている。

私のようにマージャンでダブル役満を連発したり、競馬で１２０万馬券（チューリップ賞で1万2千倍）や80万馬券（有馬記念で8千倍）を当てたりすると、普通の人はその魔力にハマってしまい、のめり込んでしまうのだろう。しかし、私は浮かれない。引き際を心得ている。ギャンブルというのは「胴元」が一番儲かる仕組みになっているからだ。最後に勝つのは、ＪＲＡなのである。

そんな当たり前のことは、皆わかっているにもかかわらず、多くの人たちは「勝ち逃げ」できないのである。やり続ければ必ず負けるのに、である。どんなに運のいい人であっても、ずっとそのステージで勝ち続けることはできない。

だから、**「幸運の絶頂」で引き上げるのである。ギャンブルでも人生においても「潮時」というものがある**のだ。

ところが多くの人は、目の前の快感に「執着」してしまう。勝ち続けていると、もっともっと勝てるのではないかという期待感と「錯覚」から抜け出せなくなる。または、負け始めたら負け始めたで、マイナスを取り戻そうと「底なし沼」にはまっていくのだ。

ギャンブルもビジネスもまったく同じである。

手に入れた幸運を捨てれば、もっと大きな幸運が手に入るのに、ある程度の成功したポジションを手に入れてしまうと、もうそれを手離したくなくなる。「よしよし、この調子で行こう」と、かりそめの成功に執着したまま、運気に見放されていくのだ。残念ながら、一ステージでの幸運の流れが永遠に続くほど、人生は甘くないのだ。

そのとき、**あなたは運から試されている**のである。

「棚からぼた餅」に浮かれて、見境がなくなる人なのか、一時的な幸運を謙虚に受け入れ、冷静な判断ができる人なのか、試されているのである。

地位・名誉・報酬を手にしたとき、すでにそれは過去の産物であることを自覚してほしい。栄光の絶頂さえも捨ててしまわない限り、次の成功はやってこないのだ。あなたは成功への上りエレベーターに乗っているつもりかもしれないが、そのエレベーターが最上階にたどり着いたら、あとは下るだけなのである。**あなたの〝有頂天〟は天まで昇ったとしても、運気のエレベーターは天まで昇らない。**

成功と同時に捨てなければいけないのは、あなたの〝傲慢さ〟だ。

たとえば、やっと手に入れたポルシェのハンドル。それを握ったまま手離せないのか、それとも「たかがポルシェだ」と思い、手を離すことができるのかどうか。

やっと築き上げた役員の座。その席にしがみついたまま離れられないのか、それとも「たかが役員の椅子だ」と思い、潔く後進に道を譲ることができるのかどうか。

やっと蓄えた金融資産。その資金を独り占めしたまま強欲に生きるのか、それとも「たかがお金だ」と思い、世の中の未来へ投資していけるのかどうか。

運命の分かれ道だ。

私は何度も何度も、キャリアや年収、地位や名誉ですら捨ててきた。「勝ち逃げ」ならぬ、究極の「勝ち捨て」を繰り返してきたおかげで、今の「幸福」がある。

詳しい経緯は、拙著『「最高の結果」はすべてを「捨てた」後にやってくる』（総合法令出版）を熟読してもらえれば分かるだろう。

さらなる幸福へのキーワードは、悪魔の誘惑を振り切る勇気だ。

執着する悪魔の心は、誤った意思決定を引き起こし、あなたの人生を不幸ゾーンへ導こうとするだろう。

「執着」を捨てれば捨てるほど、そのスペースには次から次へと「幸運のご褒美」が飛び込んでくるのである。

運を呼び込むために

「100万馬券」を取ったあとに勝ち逃げする。黄金を積んだ馬車から降りて歩き出せ。

18

鏡を見て笑う習慣をつくる

私は人から見て、かなり不気味な男だと思う。

なぜなら、頻繁《ひんぱん》に**「鏡」を見ては、笑っている**からだ。

恥ずかしながら、私は鏡が好きなのだ。会社のデスクの斜め前45度には鏡を飾っている。自宅の部屋には姿見の大きなミラーがあるし、カバンの中には2種類の手鏡を入れ常に持ち歩いている。朝の洗面所では髭剃り歯磨き洗顔整髪などをしながら1時間以上ずっと鏡と向き合っている。中高年男性としては異例の長さだろう。きっと「変態」の部類に入るに違いない。

かといって、私は男前の自分に見とれているナルシストではない。もちろんオカマでもない。強いて言うなら「キレイ好き」、もっと言えば「自分好き」である。しつこく言っておくが、決して私はナルシストではない……。と思う。

いったい私は鏡に向かって何をしているのか。

実は、**自分自身にアファメーションをしている**のである。

通常のアファメーションとは「具体的な夢への自己暗示」であったり、「願望がすでに実現したかのごとく宣誓すること」であったり、「潜在意識の書き換え」であったりするのだろう。

「できる、できる、必ずできる」

「成功する、成功する、絶対成功する」

「好きだ。好きだ、自分のことが大好きだ」

というようなアファメーションはたしかに効果的かもしれない。

ただ、もしあなたが自分のことを「実力がない」「何をやってもうまくいかない」「自分のことが嫌いだ」と本心で疑っていながら、無理矢理に理屈だけでアファメーションしようとするなら、それは逆効果になることがあるので注意が必要だ。

〝変化することへの恐怖〟から、潜在意識が拒絶反応を起こしてしまうからだ。「でもやっぱり私にはできない」という思いがつきまとって離れないのである。

心の底から湧き上がるネガティブな呪いの言葉は、簡単にコントロールすることはできない。

だから、私の場合は至ってシンプルである。

「私はやっぱり運がいい」

「私はとことんツイてる」

「私はホントに幸運だ」

このメッセージを鏡の中の自分自身へ何度も何度も語りかけるだけだ。

それも**満面の笑顔で、**ときには**大笑いしながら、**アファメーションするのである。

これはもう私の中で習慣化されているため、もはやはまったく違和感がない。自然にそうつぶやけるようになっている。

運というものは、私の能力とは直接関係ないから拒絶が起きにくい。だから、本来の私自身はまったく変化する必要がないのである。

鏡の中の自分と会話をするという、もう一つのバージョンもある。

「お前はやっぱり運がいい」

「お前はとことんツイてる」

「お前はホントに幸運だ」

二人称のアファメーションは少々不気味な光景かもしれないが、効果の大きさは計り知れない。

〝鏡の中にいるあなた〟を怨《うら》んでいるあなたには、おとぎの国の「魔女」のように不幸せな結末が待っている。しかし、鏡の中のあなたを応援してあげるとそのまま幸運のメッセージが反射されてくるのである。運の流れは確実に自分へ向いてくる。

あなたもぜひ、楽しいリズムを刻みながら、幸せを運ぶ応援メッセージと〝笑顔〟を鏡の中の自分へ投げかけてほしい。鏡に向かってポジティブな魔法の言葉を何度も何度もつぶやいてみようではないか。

それを毎日繰り返せば、「大爆笑の人生」を歩み続けることができるだろう。

運を呼び込むために

「自分は幸運だ」とアファメーションを繰り返し、現実の世界を変えていけ。

19

目の前のゴミを拾えば、目の前の幸せがつかめる

クールな紳士淑女が増えたものだ。私のような熱いタイプは「暑苦しい」などと毛嫌いされてしまう時代になった。

冷めているだけならまだいいのだが、何事にも「失望している」紳士淑女が増殖中、という実感があるのは私だけだろうか。

「どうせ自分ひとりの力では何も変えられない」というあきらめともとれる発言が津々浦々から聞こえてくる。ため息まじりの「どうせ僕（私）は報われないから」という切ない失望感である。

「こんなことをしてもどうせ時間の無駄だ」

「どうせ誰にも分かってもらえない」

「どれだけ頑張っても意味がない」

これらの発言を〝行動〟することから逃げるための言い訳に使っている。

すると当然のごとく、失望感たっぷりのその場所には、運気が停滞したまま、よい流れがやってくることはない。そもそも「行動しない」という成り行き任せで現状が改善されるほど人生は甘くはないのだ。**運は、行動する人にだけ味方する。**

目の前の問題をそのままにしておけば解決されないことはもちろんのこと、ますますのっぴきならない事態へと発展していくのが不幸スパイラルの恐ろしさなのである。

クールな彼らもそれでいて、どこか「運」に期待しているところがある。

彼らは基本的に自ら行動しようとせず、常に「他力本願」だ。当事者意識が希薄で、クールに傍観者を気取るのが好きなのだ。皮肉にも「運など信じない」と強がっている彼らの口ぐせは「ツイてない」なのだから、ニヒリストに幸運が訪れないのも納得である。

ではいったい、誰が現状を打開してくれるのか。それは、親なのか、上司なのか、それとも総理大臣なのか。いや、それは誰でもない。

誰かがやってくれるという他力本願では、運は味方してくれないのだ。〝他力本願寺〟には「神も仏もない」のである。

だからまず、自らが行動して〝流れを変える〟ことである。

「誰かがやってくれるだろう」ではなく、「あなたがやる」のだ。あなたが勇気を持って動き出すのである。ほんの1ミリでもいい、わずか1センチでもいい。あなたが行動することであなたの人生に運気が〝流れ込む〟のだと信じてほしい。

決して、自らの人生を傍観する「ツイてない人」になってはいけない。

たとえば、目の前に落ちているゴミ拾いから「行動」に移してみてはどうだろうか。

私からのその提言に対し、あなたはこう言って猛反発するかもしれない。

「なぜ、人が捨てたゴミを私が拾わねばならないのか」

「どうせ拾ってもムダだ。またゴミは落ちる」

などと、〝拾わない正当性〟を主張するはずだ。また、ゴミを拾うのは、恥ずかしいと感じる人も多いだろう。しかし、こう解釈してみてはどうだろうか。

あなたが拾うのは「ゴミ」ではない、「幸運」を拾うのだ、と。

もしもそこに落ちているのがゴミではなく、100万円の札束だったら、あなたは真っ先に拾うのではないだろうか。そしてそのお金をポケットに入れずに交番に届けるはずだ。落し物は交番かゴミ箱へ届けてあげるのが国民の義務なのである。

街中でポイポイとゴミを捨てている人、タバコの吸い殻を道路に捨てている人、ペットボトルを車の窓から投げ捨てている人、その人たちは、可哀相に自分の一番大切な「運」を捨てているのと同じなのだ。１００万円をポイポイ捨てているのと同じなのである。

一方で、私は〝落ちているゴミを拾える人〟を見ていると、「あっ、あの人はまた運を拾ったな」と感動する。誰にも見向きもされないと思い、ゴミを拾っているその人の後ろにそっと近づき、「おめでとう」と言って抱きしめてあげたい衝動に駆られてしまう。

あなたも小さな第一歩を踏み出し、実際にゴミを拾ってみれば、純粋に心が清々しい気分になり、そんな自分に感動することができるだろう。

そう、その**小さな感動とともに「運」は流れ込む**のである。

運を
呼び込む
ために

些細なことに「感動する心」が幸運を引き寄せる。
すぐそこに落ちている幸せを見逃すな。

20

考えずに選択すれば うまくいく

天国か地獄か。

二者択一の断崖絶壁に追い込まれることが、人生にはよく起こり得る。

その絶体絶命の場面で「運気」の流れを引き寄せ、いつもズバッズバッとツイてる決断ができたら、こんな幸せなことはない。あなたを幸せへと導いてくれる「正解」を常に選択することさえできれば、人生は安泰だ。

では、いったいどうやって決断をすればいいのか。

意外にもその答えはシンプルである。

瞬時の「直観」に従えばいい。**「理屈」ではなく「直観」で決断する**のだ。

〝観る〟とは、真実から決して目を逸らさずに直視するということ。直面することだ。

事実の中の本当の事実だけを、ありのままのあなたの心眼で、観察してほしいのである。

そのようにして、根拠のある「直観」で選んだ道なら間違いはない。

ところがあなたは、つまらぬ正当化をして、事実を捻じ曲げてしまうため、結局、誤った判断をしてしまう。

「みんながやっているから」
「嫌われたくないから」
「怒られるから」

というように、主体性のない判断は自分自身のためにならない。

みんながやっている不正に加担したがために、会社を解雇され、築き上げてきたものを一瞬して失った。

パートナーに嫌われたくないからと、好きでもない水商売で稼いだお金を相手に貢ぎ続け、体を壊して入院した。

上司に怒られるからと、お客様を裏切り、不当な価格で粗悪品を売りつけたために賠償請求され、敗訴した。

幸せになるための「直観」が冴えないのは、運が悪いからではない。「あなたが偽者である」からだ。

「偽者のあなた」というのは、周囲の環境や心ない人々からの悪影響を受けて右往左往しているあなた自身のことだ。

不幸はいつも人が運んでくる。

私はこの偽者の自分のことを「邪悪なアナザー」と名付け、〝呪い〟の恐ろしさを伝えてきた。「邪悪なアナザー」の陰に隠れているあなたは、世の中の真実も、人間関係の本質も〝観えていない〟。そのために「直観」が鈍り、裏切られたり、傷つけられたり、支配されたりと、様々な「悪意」に振り回されるはめになるのだ。

その結果、自分の人生に無責任な「偽者のあなた」は「運が悪くてやってられない」と自暴自棄になり、ますます〝短絡的な行動〟に走ることになる。よって、さらなる不運なトラブルを引き寄せてしまうのである。

これでは、あなたが心から望む幸福など手に入るはずがない。

これからはもう、幸せになるための判断をもう一人のあなた、すなわち本物のあなたに聞いてみることだ。**本物のあなたはすでに「正解」を知っている**のだから、素直な心で耳を傾けてみようではないか。

無理をして頑張り過ぎてはいけない。自然体で正直に生きていくことである。

肩の力を抜き、あるがままの「流れ」に身を任せ、正義の名のもとに自分らしく高潔に生きてほしい。

人生の選択に迷ったら「インテグリティ！（高潔であれ！）」と叫ぶのだ。

高潔に生きて「自尊心」を取り戻すことができれば、真実が〝観えてくる〟。面白いように「直観」が冴えわたり、「幸運な人生」へと導いてくれるのである。

もう不幸な人に振り回されることはない。

一刻も早く、邪悪なアナザーを追い払い、「幸せな人間関係」を構築できる判断力を取り戻さなければならない。

憑《と》りついている「邪悪な自分」を追い払うため、あなたにも〝悪魔祓《あくまばら》い〟が必要なときがやってきたのかもしれない。

本物のあなたは「ツイてる人」なのだ。

運を
呼び込む
ために

幸運を呼ぶ答えは、あなたの本心が知っている。
高潔に生きて、悪魔を追い払え。

第5章

健康

× 運

21

ほどほどな運動を習慣化すると、運が動く

手っ取り早くあなたの運を動かすには、文字通り〝運動〟するに限る。

運気もモチベーションも下がりまくりのあなたにも、日常生活の中で意識的に体を動かすことで、幸運が舞い込み、人生に変化が訪れるのだ。

運動不足の最たる弊害は、脂肪過多による「太り過ぎ」であろう。今やメタボ体質を改善しなければ「生死にかかわる」と、その重要性が叫ばれている。よって、見た目や健康の問題を解決するため、涙ぐましい努力を重ねている万年ダイエッターも多いようだ。

体質的に太りにくいというスリムなあなたであっても、仕事や人間関係でのストレス発散のためには、スポーツなどで体を動かす必要があるのではないだろうか。「じっとしている」だけでは〝心の澱《おり》〟は洗い流せない。

実は、**溜まった体の脂肪や心の澱の分だけ、「不運」は溜まっていく。**なぜなら、怠惰とストレスフルな生活によって溜まった「脂肪や澱」は、まさに〝欲望や抑圧〟に屈したあなたの不幸体質が引き寄せた「不運」そのものだからである。

だからといって、くれぐれも無理な運動は避けてほしい。無理をすれば、健康にいいどころか、それこそ怪我や病気の元凶になりかねない。運動不足を補おうとスポーツを始める決意は素晴らしいのだが、たいてい、頑張り過ぎるとろくなことが起きないものだ。

オシャレなスポーツウェアに身を包みテニスやマラソンを始めたが、すぐに怪我をして脱落、などいう話は枚挙にいとまがない。私の周囲には、張り切って山登りにチャレンジしたものの下山できず、救助隊のお世話になったという友人もいた。さらには、身分不相応な高級ゴルフ会員権を購入してコースデビューしたり、高額な入会金を払ってスポーツジムへ通い始めたのはいいが、三日坊主で飽きてしまい、大いに後悔しているという輩もいた。

そのようなとき、彼らが発する言葉は「ツイてない」である。そうして、不運がさらなる不運を引き寄せるのだ。

過度に自分の体を酷使したり、無駄遣いをする〝罰当たり〟な行為は、金輪際、慎んでほしい。

本格的にスポーツを始める必要はない。あくまで「適度」な運動で充分なのだ。

何事も「ほどほどに習慣化」できることが体にも心にもいいのだ。そして、適度な運動が、あなたの運気を動かしていくのである。

たとえば、運のいい私が心掛けているのは、「階段を登る」という、いつでもどこでも簡単にできる〝運動〟である。どうやら、**自力で一歩一歩「登る」という行動は、運気が「上昇する」ことにつながる**ようなのだ。

もちろん、パソコンの前で原稿に向かう時間の長い私にとっては、運動不足解消の一助になっている。また、スポーツを楽しむ時間を確保できない超多忙な私にとっても、出勤などの移動中に取り組める「階段登り」は、とても効率がいい運動だ。

駅のホームへの昇り降りは、エスカレーターを使わず、必ず階段を使う。時間的にはエスカレーターの右側を駆け上がるのが早いのかもしれないが、その行為はもってのほかだ。転落事故を招きかねない危険な行為であるし、そもそもマナー違反である。他人への迷惑行為もまた不運を招く。だから私は断然、「階段派」なのだ。

出勤時のオフィスビルでもエレベーターを使わずに、ひたすら階段を使う。ビルの5階や7階に勤めていたときは、ほどよい運動になっていたのだが、11階や16階ともなると、少々ハードであった。一時期、27階のオフィスに出勤していたことがあったが、あれはほとんど「登山」だった。しかしながら、それも習慣化してしまえば、毎朝、気分爽快。ささやかな達成感から一日をスタートすることができる。

実際に、仕事の業績やプライベートの運気は、高層階に勤務していたときほど急上昇していった。神社の長い石段を登るような気持ちで、毎日毎日、コツコツ登れば登るほど、運気も上昇していくのだ。

自分の足を使って這い上がろうと努力するその背中を押してくれる「何か」が存在することは間違いないのである。

運を
呼び込む
ために

**溜まった脂肪の分だけ、不運も溜まる。
エレベーターは使わずに階段を登り、
不運カロリーを消費させろ。**

22

バランスのいい人生は、バランスのいい食事に宿る

健康にいい食生活は幸運を呼ぶ。

食生活の乱れは、「運」の流れにも乱れを招くのだ。

周囲の人たちを見渡してみるといい。暴飲暴食を繰り返している人の人生は波乱万丈だ。たとえ、いっときは成功したとしても、落ちぶれたり這い上がったりと、運気は上がったり下がったりを繰り返す。

普通に考えても、食べ過ぎ飲み過ぎの連続では身体を壊して病気にだってなるだろうし、連日連夜、飲食店やバーをはしご酒するような散財が続けば財布の中身も寂しくなる。快楽を追求し享楽に溺れる生活は、決して豊かで幸福な人生とはいえない。

深夜にポテトチップ一袋を平らげてカップラーメンを流し込み、アイスクリームとドーナツを頬張るような生活をしていて、健康的な幸運がやってくるはずがない。

この行為はある種の〝麻薬中毒〟である。弱い心は、「悪魔の棲《す》む家」となり、刻々

と蝕《むしば》まれていくのだ。

念のためにあなたも、３食の栄養バランスが摂れた食生活をキープできているかどうか、今一度、見直してほしい。もしかすると、コンビニやチェーン店のジャンクフードばかりの偏った食生活になっているのではないだろうか。

今さら、自己管理、健康管理を改善指導されたところで、当たり前すぎてつまらないと感じるかもしれない。しかし、**その「自堕落な行動」の心の底にあるのは、「自分自身を大切にしていない」という〝無責任さ〟であることを知るべきだ。**

「自分を大切にしている人」には、その行動に相応しい幸運な人生が訪れるが、「自分を大切にしていない人」にもまた同じように、その行動に相応しい不運な人生が訪れる。

幸せが幸せを呼び、不幸せが不幸せを呼ぶ。幸せになりたいと思う人には天使が舞い降りるが、不幸になりたいと思う人には悪魔が微笑むのである。

運の悪い自堕落な人は、食べ物も粗末にする。残したり捨てたりすることに抵抗がない。

「食べ物を粗末にしてはいけない」とは、ご先祖様もよくぞ言ってくれたものである。豊かになった今の世の中、どれだけの食材が食べ残され、廃棄されているのだろう。食物は「天の恵み」である。それを蔑《ないがし》ろにしていいのだろうか。いや、許されるはずがない。せっかくの恵みを大切にするか粗末にするかの違いによっては、豊作の人生にもなるし、大飢饉の人生を引き寄せることにもなる。

幸運な人生を送りたいのであれば、天の恵みに感謝しながら手を合わせ、「いただきます」と「ごちそうさま」を唱えてほしい。

私は半世紀に及ぶ人生の中で、若い頃の不健康な生活において天の恵みを蔑ろにしたばっかりに、どれだけの不運を招いてきたことか、身をもって体験してきた。

そんな私も、**天の恵みに感謝している健康志向の今となっては、ほぼトラブルとは無縁である**。心身ともに充実している。

とくに、一日のはじまりである「朝ご飯」の献立にはこだわっている。

ご飯は茶碗1杯だけ。野菜たっぷりの豆腐の味噌汁、百回かきまぜたナットーキナーゼいっぱいの納豆、焼き魚、卵料理、野菜料理、海藻類、梅干し、漬物、食後には、ヨーグルトとフルーツも欠かさない。仕上げは濃い緑茶だ。いわゆる和朝食のフルコースである。このメニューを毎朝「腹7分目」でゆっくりといただく。

昼食は「手作り弁当」持参で出勤である。これもまた、ビジネスバッグに入る細身の弁当箱に腹6分目くらい。もちろん、超ヘルシー・カロリー控えめ弁当である。

晩ご飯は、糖質制限ダイエットも兼ねて、バランスの取れたおかず数品だけ。缶ビールを一本くらいの晩酌をすることもあるが、適度に休肝日を設けている。

不運なトラブルに見舞われていた若い頃は、毎日のように深夜まで飲み明かしていた時期が多かったことを考えると、接待や飲み会の機会がほとんどなくなったここ数年来の運気が急上昇してきたことは、決して偶然とは思えない。

不健康な食生活で自分自身を痛めつけ、天の恵みへの感謝の心を忘れた罰当たりな人には、一生幸せはやってこないのである。

運を
呼び込む
ために

天の恵みに感謝して「いただきます」と「ごちそうさま」を唱えよ。

23

病気や怪我は、すべてメンタルが引き寄せている

怪我をして包帯を巻き「あーあ、ツイてない」と落ち込んでいる人がいる。風邪を引いて高熱を出し「はあ〜、運が悪い」と嘆《なげ》きながら寝込んでいる人がいる。

本当にお気の毒である。心からお見舞いを申し上げたい。


怪我や病気をすると、誰もが「やはり健康が一番だ」と、しみじみと実感する。いざとなっても、お金で健康を買うことはできない。健康に勝るものはないのだ。

お腹を壊してトイレで唸《うな》っているときには、「どうか早く治ってほしい。この苦しみから解放されたい。神様、どうか、助けてください」という悲痛な心の叫び声をあげる。そして「もう悪いことはしませんから、なんとかしてください」という懺悔《ざんげ》が始まる。もはや、その事態に陥ったら祈るしかないのだろう。

しかし人間とは不思議なもので、容体が回復してしまうと、あれほど健気に懺悔し

た「罪」は忘却の遥か彼方へと葬り去ってしまい、ケロッとした顔で日常生活へと戻っていく。そうして、「過ぎ去った」と思った苦しみは、やがて何倍ものビッグウェーブとなって、再びあなたの下へと降りかかってくるのである。

さて、この災難。毎度毎度あきらめて「神に祈る」しかないのだろうか。ときどき訪れる「不運＝怪我や病気」であると受け入れて休養し、回復したその後になったら「次は気をつけよう」と、予防を心がけるだけでいいのだろうか。

まったく怪我をしたことがない、まったく熱を出したこともなければ下痢をしたこともない、という不死身の鉄人には、私もお目にかかったことはない。オフィス内にインフルエンザ・ウイルスが蔓延《まんえん》していれば、どんなに強靭《きょうじん》な体力を誇る人であっても、感染するリスクはつきまとう。

とはいえ、いつどこの世界にも、**ウイルスに感染しやすい運の悪い人と、感染しにくい運のいい人がいる**のも、歴然とした事実である。

きっとあなたは、怪我や病気というのは「運」に左右されるものだと感じているかもしれない。しかし、あなたが風邪で休んでいるのは、たまたまの偶然ではない。無事故の人がずっと無事故なのには、理由があるのだ。

そう、健康運・事故運はコントロールできる。

怪我や風邪の原因は、あなたのメンタルにある。ネガティブなメンタルが〝不幸ウイルス〟を引き寄せるのだ。病原体ウイルスも例外ではない。不慮の事故を引き寄せたのは「あなたの心」と「あなたの行動」にある。

不幸ウイルスの大好物は何か。それはあなたの〝邪念〟である。

漢方の世界では、「ふうじゃ(風邪)」という邪気が、背中の風門というツボから体内に進入して風邪を引く、と言われている。文字通り、あなたの邪念がウイルスを引き寄せているのである。「誰でも怪我くらいする。誰でも風邪くらい引く」などと呑気に考えている人は、さらなる不幸を呼ぶのだと自覚したほうがいい。

邪念とは「油断」や「気のゆるみ」を生み出す。怪我は、あなたの不注意によって、起きたのだ。病気は、あなたの不摂生の積み重ねによって、発症したのである。

あなたが身体のメンテナンスと共にすべきことは、心のメンテナンスなのだ。

常に明確な目標を心のスクリーンに描いておけば、「気分爽快」の状態が続き、邪念を寄せつけない。

夢と希望に満ち溢れ、心身ともに充実している人は、モチベーションの低下による免疫力ダウンなど縁がないのだ。
それは何よりの予防ワクチンになるし、「幸運のサプリ」にもなるのである。

たとえば、ワクワク感たっぷりに暮らしている私は現在53歳であるが、人間ドックの結果は「オールA」だ。日々、快食快便。肌もツヤツヤしているらしく、ひと回り下の年齢に見られることも少なくない。お腹を下すことや風邪で熱を出すことはめったにない。常に自分のメンタルが「気分爽快」の状態に保たれるよう、心へ栄養と休養を与え続けているからだ。
何よりもこの特別な「健康という幸運」に心の底から感謝している。だからますます、幸運がやってくるのである。

運を
呼び込む
ために

日々、あなたの「不注意」と「不摂生」をお祓《はら》いせよ。

24

「老い」を受け入れれば受け入れるほど運が向く

「お誕生日おめでとうございます」というメッセージを、私は毎日欠かさず十数名の友人・知人に送っている。一年間にすると約5千名の人たちへ送っていることになる。本当にあきれるほどマメ男《お》なのである。

すると、ほとんどの人たちから、思いも新たな決意表明と共に、「ありがとう」というお礼の返事が届く。ところが稀に「もはや祝う歳ではない」という人もいるようで、「またシワが増えておじさん化おばさん化していくのだから、まったくもってめでたくない」というコメントが届くこともある。寂しいことに、歳を取れば取るほどその傾向が強くなっていくようだ。たしかに、また一歩また一歩と、死に近づいていくというのに、「おめでとう」などと祝っている場合ではないのかもしれない。

「めでたくない」という言葉が、照れ、謙遜、冗談であるのなら心配ないのだが、それが〝本心〟であるなら、きっと運から見放されている人に違いない。

世の中には、どんなにジタバタしてもどうにもならないことと、頑張り次第で解決できること、この二つしかない。

老いることとは、いったいどちらになるのだろうか。

もちろん、「老い」という現実からは逃れられない。「歳を取るのは嫌だ」「若かったあの頃に戻りたい」「もう一度、青春時代をやり直したい」と言ったところで始まらない。逃れられないその現実を真摯に受け入れるしかないのだ。**その現実と向き合い、心から「感謝して」受け入れなければ、幸運は舞い込んでこない**のである。

この法則は「老い」に限ったことではない。

人生には様々な問題が降りかかってくる。平穏に暮らしたいと願う私たちを「不運」は放っておいてはくれず、次から次へと困難や試練が襲ってくるのである。その現実から逃げている人たちは、ますます人生が混乱し不幸になっていくが、目の前の問題に堂々と直面して向き合っている人たちは、苦労を乗り越え、どっこい幸福な人生を歩んでいる。不幸な出来事だと思っていたことが一転して、「あのことがあったからこそ、今の幸せがある」とまで断言する人がいるほどだ。

拙著「死ぬ気シリーズ」3部作の中で何度も触れてきたテーマである「明日の死を覚悟して、今日一日を悔いのないように生き切ること」、その〝生き方〟があなたの人生を救ってくれることになるのである。今まで生かされてきたという「特別なこと」に対する感謝の心と行動なくしては、何も解決しないのだ。

年老いていく未来にも目を向けてほしい。

若かりし時代はもう過ぎ去ったこと。**過去のあなたは死んだのだ。もう過去を手放すことである。**あなたの人生には未来にしか存在していないのだから。

人間は老いて、必ず死ぬ。残念ながら100％の確率で〝そのとき〟はやってくる。私たちはその目的地へと旅している。毎日肉体の衰えを感じながら少しずつそこへ向かっている途方もない旅路だ。日程表には到着日の記載もない。

だからといって、「どうせ死んでしまうのだから」と投げやりになる必要はないだろう。**「歳を取る」という現実を受け入れることは「どう生きるか」「どう行動するか」ということと真剣に向き合うこと**に通じるのだ。

これからはもう、歳を取ることへの嫌悪やネガティブな解釈をやめ、たとえいくつ歳を取っても、自らを祝福してあげてほしいのだ。一日一日、歳を取っていくたびに、天に感謝してほしいのである。

「感謝の行動」は、運を積み立ててくれる。

若い頃から、天に〝感謝の保険料〟を支払っておくという「国民の義務」を果たしておくと、やがて**老後を迎えたときには「幸運年金」を終身にわたって受け取ることができる。**

私の人生を振り返ると、歳を取れば取るほど右肩上がりで「幸運度」がアップしているようだ。これもまた、「運を積み立てる」行動を起こしてきたからに他ならない。

私の周囲にいる成功を手に入れた大先輩方は皆、積み立て型の生き方をしている。彼らは大器晩成の成功を手に入れ、豊かで穏やかな晩年を迎えているのだ。

運を呼び込むために

死ぬ気で行動して老後を迎え、「運の積み立て」を年金で受け取れ。

25

百十二歳までの長生き計画を立てろ

死んだら終わりだ。

運不運が気になるのも、生きているからこその話である。**最大の不幸が「死」であるなら、最大の幸運は「生きている」**ということになる。まさに〝生きているだけでラッキー〟というわけだが、ただ息をしているだけでは、幸せとは言えないだろう。やはり、生きている限りは元気に健康でいたい。それでいて、できるだけ長生きしたい、と願うのは誰もが同じだ。

昨今、「健康寿命」という言葉をよく耳にするようになった。WHO（世界保健機関）の発表によれば、日常的に介護を必要とせず、自立した生活ができる生存期間のことを言うのだそうだ。これだけ高齢化社会が進んでいるとはいえ、平均寿命の中には「健康ではない期間」（平均およそ男性9年、女性12年）が含まれているのである。

これからはただ単に寿命を延ばすだけでなく、いかにして健康的な生活ができる時を延ばすのか、この「健康寿命」に、ますます興味・関心が高まってくるだろう。

この夏、地方局で人気を集めた「世界最高齢の女子アナ」森シノさんが老衰のため亡くなった。111歳だった。シノさんは102歳で「アナウンサー」としてデビュー。「シノちゃん」の愛称で親しまれ、その活躍は、ドイツ、フランス、韓国など世界中のメディアでも紹介された。

同様に、元気な超高齢者の多くが、連日マスコミを賑《にぎ》わしている。

有名な双子のきんさん・ぎんさんの娘さんである4姉妹も、皆そろって長寿である。長女の方は百歳を超え、4姉妹の年齢を合わせると380歳にもなるらしい。

100歳のおばあちゃんスイマーも、元気いっぱいテレビ・新聞に登場している。

三浦雄一郎氏のように、80歳という高齢者でありながらエベレスト登頂に成功してしまう驚異的な強者もいる。

いっとき、男性の世界最長寿として話題になった泉重千代《いずみしげちよ》さんは、ダブル還暦の120歳になっても、散歩を日課とし、着替えはもちろん、トイレ・入浴から寝床のお布団たたみに至るまで、自分一人で行っていたというのだから驚きだ。

ちなみに、私早川勝の寿命についてなのだが、実は有り難いことに「112歳」まで生きるらしい。これは嘘や出まかせで言っているのではない。一応、根拠は、ある。

そう、コンピューターが教えてくれたのだ。十数年前に、たまたまウェブで「寿命診断」なるものにチャレンジしたところ、「早川勝の寿命は112歳」という診断結果が出たのである。

健康、生活、嗜好、食事、性格などについて、たくさんの質問に答えていき、途中で一旦「89歳」という表示が出ると同時にルーレットが回り出した。「人生は運次第です！　最後に、運命のボタンを押してください！」という指示があり、私がエンターキーを力いっぱい押すと、**最高値の結果が出て「112歳」まで寿命が跳ね上がった、**というわけだ。データの信憑性については定かではないが、少なくとも私の〝運の強さ〟は、こんなところでも発揮されたことになる。

早速私は、「あなたの寿命は112歳であることを証明します」というプリントを部屋に貼り出し、そのメッセージを潜在意識へと刷り込んだ。「健康長寿世界一！」となって、泉重千代さんや女子アナ・シノちゃんのように元気いっぱい、100歳以上の「世界記録」を達成できるものと確信している。「100歳で1000冊目の電子書籍を出版」という目標達成シーンを想像するとワクワクしてくる。

そういえば、当時、一緒に寿命診断に挑戦したK君には、「59歳」という結果が出てしまった。がっくりきたK君とは、しばらくして音信不通となり、消息不明である。

さてあなたは、いったい何歳まで健康寿命をまっとうする計画だろうか。

実は、運よく長生きされた方々の「暮らしぶり」を私なりに研究していて、長寿の秘訣については、すでに〝答え〟が出ている。

「明るい笑顔を振りまく善人」「あるがままの自由人」「呑気なチャレンジャー」という共通点だ。 くよくよと悩んでストレスを溜めずに、自分の好きなことに対して、楽しみながら挑戦していく。

やはり、この生き方こそが「健康で幸運な長生き人生」を運んでくれるのである。

運を呼び込むために

健康寿命をまっとうするために、呑気なチャレンジャーを極めよ。

第6章

お金

×

運

26

ケチな人は運を逃がす。貢献の財布を大きく開け

金の亡者は人に嫌われるが、同時に「運」からも嫌われる。お金持ちであっても生きたお金の使い方を知らなければ、本当の幸せはやってこない。

きっとあなたの周りにも、運に見放された〝不幸なお金持ち〟が「金、金、金……」と、お金を求めて彷徨っているのではないだろうか。

以前、私が住んでいた借家のすぐ裏に、推定資産数十億円という大地主の大家さんが住んでいたことがある。その大家さんは、いわゆるドラマやマンガに出てくるような「強欲じいさん」で、近所や親戚の人が誰も寄りつかない偏屈なお金持ちとして有名だった。争いごとの嫌いな私でさえ何度かトラブルで言い争いになったほどだ。そもそも私の住んでいた物件というのは、強欲じいさんの実の息子夫婦のために建てられた邸宅だったらしいのだが、親子喧嘩の末に出て行ってしまったそうだ。

ああ、なんという孤独な老後なのだろう。広い庭で盆栽に独り言を呟《つぶや》いている大家さんの寂しそうな横顔を見ていると、「幸せって何だろう」とつくづく思ったものだ。

ケチなエゴイストは絶対に幸せになれない。お金を貯め込むことに執着し過ぎてお金に縛られているようでは、一生お金の奴隷だ。

節制や節約が悪いとは思わない。倹約家というのは、むしろお金の価値を正しく理解している人格者である。だから私は決して倹約を否定しているわけではない。

しかし、**お金にも〝消費期限〟というものがある。**

生きたお金を世の中に還元しないと、あなたの幸せは「金運」と共に逃げていく。ケチケチとお金を溜め池に溜め込み過ぎると「腐る」のだ。お金が腐ると、人生も腐っていくのである。

決してお金を無目的に貯め込んではいけない。**お金も人も、そして幸福も、上手に使ってくれる人のところへさらに集まってくる法則がある**のだ。消費期限を正しく守れる人々を中心にして、お金がどんどん流れ込む「金運スパイラルの法則」が存在するのである。

あなたが死ぬ気で稼いだ「可愛いお金」には、旅をさせてあげるといい。やがてそのお金が、あなたの元へ「成長」した姿で帰ってくると信じて。

これからは、自分に成長をもたらす投資を惜しまず続けることだ。10年後20年後の自分に「仕送り」するつもりで、ケチケチせず投資することをお勧めしたい。未来のあなたにこれでもかこれでもかとお金が流れ込んでくる仕組みを、今からつくっておくのである。

自己投資とは、今蒔《ま》いた種が、将来になって花が咲くようにと、お金と共に、時間を使い、頭を使い、体を使い、そして、エネルギーを使うことである。お金を積み立てるように、〝実体験を積み立て〟るのだ。

目指すべきは、強欲じいさんではなく、未来の「花咲じいさん」なのである。

一方、見栄っ張りな気前の良さによる無駄遣いは、ケチよりたちが悪い。目的のない貯金は成長を止めてしまうが、かといって、自己中心的な浪費ばかりしていると破滅を招くことになる。

浪費と投資の違いは、明るい未来が待っているか待っていないか、なのである。

あなたが今、付き人のように寄り添い多くの時間を費やしているその派手好きな人は、本当に明日のあなたに利益をもたらすのだろうか。

あなたが今、一生懸命に資金をつぎ込んでいるその新しいビジネスは、本当に未来のあなたにとって役に立つ仕事なのだろうか。

あなたが今、受講している高額なその自己啓発セミナーは、本当に将来のあなたにとってプラスになる価値があるのだろうか。


「自分への貢献」になっているのかどうか、よくよく考えて自己投資を続けることだ。

それが、自己満足に浸るだけの価値のない浪費であるなら、きっと未来の自分は喜ばないはずだ。もし判断に迷ったら、想像してみてほしい。

お金を使っている今の行動に対して、「未来の自分」は喜んでいるかどうかを。

運を
呼び込む
ために

金運を開くために、未来の自分へ投資せよ。

運命を開くために、今の自分へ貢献せよ。

27

本当に必要な年収は、天から届く

あなたは信じてくれないかもしれないが、**お金は〝所有主を選ぶ〟**のである。

先日のこと。某メガバンクに勤務している元部下のT君とI君の二人と数年振りに再会し、酒を酌《く》み交わす機会があった。十数年前までは優秀な保険営業マンだった彼らは、今や立派な大手銀行の営業マンに成長していた。

その夜は当時の武勇伝や笑い話から始まり、最新の金融情報に至るまで、久しぶりの宴は大いに盛り上がった。その中で最も興味深い話題だったのは、やはり「宝くじ」だ。

彼らの銀行だけが扱える特有の顧客といえば、ＣＭでも有名な「ジャンボ宝くじ」の当選者である。当然のごとく、営業担当者は、その当選金を銀行に預けてもらうため、預金、債券、保険、投信など、様々な金融商品を提案することになる。

「5億円」「3億円」などいう破格の大金が天から降ってわいたお客様というのは、いったいどのように人格が変貌していくのか、私は興味津々に耳を傾けた。

それまでの私のイメージでは、当選した人というのは、突然の幸運に狂喜乱舞しパニックに陥る、というものだった。大混乱から冷静さを失ってとんでもない不幸に巻き込まれ、破滅していく、という噂をときどき耳にしたからだ。しかし、T君やI君ら現場担当者の〝真実の声〟を聞いてみると、それは意外にも正反対の答えだった。

当選したお客さまは皆そろって「人格者である」と言うのだ。謙虚、親切、善良、堅実、ポジティブ、などの特徴があり、偉ぶらず、落ち着き払い、対応も紳士淑女であるとのこと。

そう、**大金を手にすることのできる人には「共通点」があったのだ。幸運を引き寄せる〝能力〟は、やはり存在するのだ**と、改めて再確認できたツイてる夜となった。

お金には「人格」が宿っている。実は、お金には「感情」があるのだ。

だから、お金は人間と似た習性を持っている。

人嫌いの人が相手からも嫌われるのと同じように、お金を嫌っているうちは、お金はあなたのことを好きになってくれない。しかし、恋人のように好きになることができれば、お金はあなたを嫌ったりしない。あなたがお金を大好きになれば、いつか大金が舞い降りてくる。と同時に幸運も舞い降りるのである。これからは積極的にお金と親密になり、ぐいぐいと抱き寄せてほしい。

もしあなたがお金で困っているとしたら、それは、あなたのほうがお金に罪悪感を持っているからだ。お金に対する後ろめたさを感じている限り、お金は絶対寄ってこない。お金はあなたに片思いしているのだ。なんとも切ない話である。

天は健気にも、あなたにとって必要な額だけのお金を貢いでくれる。**あなたが真っ当に生きるために必要な額だけが天から舞い降りてくるのだ。**まるで天からの〝お手当〟であるかのように「人生の銀行口座」へ振り込まれるのである。

〝死ぬ気の行動〟を示せば、お金はどんどん振り込まれるのに、あなたがぐずぐず「いらない素振り」をしていると、いつまで経ってもお金は振り込まれない。

天からの恵みにはプラスの概念もマイナスの概念もない。すべては「あなたのため」である。

だから、借金だらけのあなたがお金に困り、天に返済を懇願したとしても、それがあなたにとって本当に必要な金額であると判断されなければ、天からの融資は決済されない。あなたが働いて返す努力に対しては幸運の後押しをしてくれるかもしれないが、宝くじやギャンブルで一括返済できるほどの協力はしてくれないのだ。

「神様《ゴッド》ファイナンス」は、あなたの人生にとってよかれと判断し、甘やかして道を踏み外したりしないよう「金運の分割払い」にしてくれている。多過ぎず少な過ぎず、誤った金銭感覚で人生が台無しになったりしないよう、親が愛する我が子に適した額のお小遣いを与えるのと同様に采配しているのである。

金銭感覚が子どものうちは、いくつになっても、天はあなたに大金を与えてくれないというわけだ。

あなたはこれから、お金に認めてもらえるような大人を目指さなければならない。幸せなお金持ちになりたいと願うなら、計画的に死ぬ気で稼ぐ人間になるしかないのだ。

運を呼び込むために

心から欲すれば、お金に困ることは絶対にない。お金に選ばれる人になれ。

28

金運は人が運んでくる

私が四半世紀以上在籍している生命保険業界というのは、「金運のいい勝ち組」と「金運の悪い負け組」がはっきりしている。運良く数千万円から数億円を稼ぎ出す成功者がいる一方で、運悪く数千万円もの借金が膨らみ家庭を崩壊させてしまう残念な人もいる。しかし、その違いは紙一重だ。実力に大きな違いはないと言ってもいい。とどのつまりは「運」に大きく左右されることになる。

ではいったい、金運に恵まれた人と、借金の底なし沼から抜け出せない不運な人との分かれ道はどこにあるのか。

金運というのは、人との巡り会いによって運ばれてくる。

あなたが〝巡り会いの金運〟を手に入れたいと思うならば、まずは、**自分の人生で巡り会った一人ひとりを大切にすること。**

そして**「ご縁」の広がりを信じること**だ。

たとえば私の場合、巡り会った3600人以上の方たちへ、近況と情報を伝える「お友達メール」を毎週のように配信してきた。約4〜8千文字の長文を手入力しているため、休日の半分以上をその時間に費やしている。既にその「メルマガもどき」は通算750号を超え10年以上も配信し続けている。せっかくのご縁だ。一人でも多くの方のお役に立ち、少しでも喜んでもらえれば、というそれだけの思いで継続している。保険の仕事に関する宣伝広告などは、「一行も」書いたことがない。

にもかかわらず、そこからビジネスチャンスをつないでくれる人たちが次々と現れた。一つひとつのご縁から様々な恩恵を得られることができたのだ。

有力な情報を持っている人を絶好のタイミングで紹介してもらったり、大切なビジネスのヒントを教えてもらったり、求めていた人材を斡旋《あっせん》してもらったりと、それはもう語りつくせないほどの「幸運な巡り会わせ」である。

そのおかげで私の人生がどれだけ豊かに繁栄していったか分からない。**自分の夢や目標を実現するためにすべての人が動いてくれている**のではないのかと錯覚してしまうほどである。

やはり、**金運は人が運んでくるのだ。**

今や本書で9作目（海外翻訳版と電子書籍を合わせると14冊）の出版となったが、私が初めて本を出版するきっかけになったのも、巡り会いの「ご縁」が始まりだった。

元々、出版社とのご縁などはまったくなく、自費出版でもしようかと調べ始めていたところ、何年振りかで偶然の再会を果たした元部下から「出版社を紹介しますから、メルマガの内容を本にしませんか」という申し出があった。そのおかげで、大型書店で大々的に平積みされるような商業出版でのデビューを果たすことができたのだ。

ベストセラーシリーズとなった「死ぬ気シリーズ」（本書が4作目）の1作目「死ぬ気で働いたあとの世界を君は見たくないか!?」（小社刊）が発刊されたきっかけもまた、数年間メルマガを送り続けていた巡り会いのご縁から始まっている。

本の印税はもちろんのこと、私にはお金を自分の力で稼いだという感覚がまったくない。私はいつも善意の人々に助けられ、高収入を得てきたのだ。

巡り会った人々によって、ときには財政難の崖っぷちから救ってもらい、ときには営業の応援団を結成してもらい、ときにはビッグビジネスへと導かれてきたのである。

金運に恵まれたい。誰だってそう願っている。そのためには、出会った人を「大切にする」こと。それ以外にない。今、目の前にいるその人との関係を大切に育んでいけばいいのである。必ずしも多くの人たちへメルマガを送る必要などない。

金運に恵まれない人は、目先の損得だけの人間関係に振り回されている。

ご縁があったその人から今すぐに「恩恵」はなかったとしても、大切に育んだご縁から、いずれ大きなチャンスが生まれると信じてほしい。

それを信じることができたあなたには、「あのときのあの人が、こんな素晴らしいご縁に発展していくのか」と、数年前の段階では思いもよらなかった出会いが花開くときがやってくるのだ。

まさか大きなビジネスに発展するはずもないと感じていたひょんな出会いでさえも、気がつけば「ビッグプロジェクトなご縁」に進化していくことになるのである。

運を
呼び込む
ために

今あなたの目の前にいるその人との「ご縁」を大切に育め。

29

金運は、「行動×思考」に比例して上昇していく

あなたは覚えているだろうか？　自分が幼稚園児のときの初詣のお参りで、神様に何を祈ったのか。遥か大昔のことである。記憶など残っているわけもないだろう。

しかし、私には鮮明な記憶がある。私がまだ幼かったあのとき、近所の「厚木神社」で心から祈った切なる願いとは……、「神さま、おねがいですから、どうか戦争だけはおこりませんように」であった。そう、子供心にも**「世界平和」を祈った**のだ。

なぜ私が幼少期の初詣の記憶まではっきり覚えているかというと、実は当時、戦争を体験していた祖父と同居しており、ことあるごとに祖父から戦争の恐ろしさを伝え聞いていたからだ。普通の子であれば、「おもちゃがほしい」などと、子どもらしい願い事を祈るのだろうが、私は違った。**まるで「無欲」だった**のである。

そんな私は当時、幼稚園から帰ってくると、母から貰う「30円」のお小遣いを握り

締め、近所の駄菓子屋まで走るのが日課だった。絵にかいたような古き良き昭和の世界。まさに、映画「ALWAYS三丁目の夕日」そのものであった。

1960年代の貨幣価値というのは、大卒初任給が2万円台だったことから換算すると、だいたい現在の10分の1程度である。私の1日のお小遣い30円の価値は300円位になる。ひと月あたりに計算すると約1万円だ。幼稚園児の立場で月々1万円のお小遣いとは超破格であり、今思えば、バブリーな幼稚園児であった。

教育上の善し悪しを議論することはさておき、結果的に過保護な母のおかげで、私の**「金持ち思考」がつくられた**とも言える。大人に成長した私が二十数年間にわたり、いいいいいい当たり前のように数千万円の年収を稼ぎ続けることができたのも、この頃の**〝思考の癖〟のおかげ**だったのかもしれない。

満たされていた無欲な私は「お金が欲しい（貧乏でお金がないから）」ではなく、**「お金はある**（お金はあって当たり前）」という思考を持てるようになったのだ。

〝金運マトリックス〟の「横軸」を、宝くじを当選させるほどの高潔な人格や〝行動〟だとするなら、「縦軸」は〝思考〟である。「貧乏思考」から「金持ち思考」へと上がっていけば上がっていくほど金運はアップしていく。

「金持ち思考」の縦軸というのは、あなたのセルフイメージが「お金はある」という金持ちの思考になっているかどうかだけのシンプルな指標である。

だから、貧乏な人が貧乏な理由は、「貧乏だから」であり、お金持ちの人がお金持ちである理由もまた、「お金持ちだから」なのである。

貧しさが癖になりやすいのと同じように、裕福もまた癖になりやすい。

あくまで〝思考の癖〟なのである。「お金はある」という思考だ。お金持ちにとっては、お金があることが普通であり、それに何の疑いも持っていないのである。

うっかり「お金がないから、お金が欲しい」という〝貧乏思考〟の悪い癖が出ると、すぐに貧乏運を引き寄せてしまう。それほど貧乏でもないのに、よく「私は貧乏だから」と決めつけている人がいる。「お金がない、お金がない」と愚痴るのが癖になっている人もいる。「貧乏が大好き」なのかと思うくらい、貧乏自慢をする人は珍しくない。

たとえ財布がカラだったとしても、「お金がない」などと思い詰めてはいけない。一時的にあなたの財布や銀行口座にキャッシュが入っていないだけなのだ。

「お金は思考の中に眠っている」のである。

〝貧乏思考スパイラル〟に陥らないように気をつけてほしい。

もはや、生まれ育った生い立ちや環境などは関係ない。今からあなたの思考を意識的にそっくり入れ替えれば、「金運」はアップしていく。

あなたが裕福な生活をしたいと思うのなら、「お金が欲しい」という下心は捨てて、「お金はあるんだ」と自分で自分を説得することである。

死ぬ気になって、金持ちとしての言葉を使い、金持ちのように振る舞うことである。どれだけ金持ちとしての「行動に移せるか」が金運アップの鍵を握っている。

あなたの未来の財産は脳内銀行の中で眠っているのだ。〝思考の運用〟次第では、金運が目覚め、ATMは動き出すことになるだろう。

眠っていた30円は、いずれ3億円に化けるのである。

運を呼び込むために

裕福さが裕福さを呼び、貧乏はさらに貧乏を呼ぶ。大富豪のような振る舞いで胸を張れ。

30

お金の無心をきっぱりと断れる「強くて優しい人」であれ

「お金を貸してほしい」と、友人が訪ねてきたとしたら、そのときあなたはどうするだろうか。ありがちな話だ。すでにそんな経験を持つ人も少なくないだろう。

そんなとき、人のいいあなたは「困っているときはお互いさま」などと言いながら、ぽんっと気持ちよくお金を貸してあげるに違いない。優しくて太っ腹なあなたは、友人から感謝されることだろう。

しかし、その借入希望額が30万円や100万円という大金であったとしたら、あなたはどうするだろうか。千円や一万円程度の金額ならば、おそらく、翌日や翌週には返済されるはずだから、大した心配はいらない。たとえ返済されなかったとしてもあきらめがつく額だ。ところが、桁違いの大金となれば悩ましいところである。

「相手にもよる」という人が多いのかもしれない。たしかに、親兄弟などの身内は別にして、知人・友人という関係は判断が難しい。もし返済が遅れて催促が必要になれば、心のモヤモヤとの葛藤が始まる。友人同士での金銭の貸し借りは、できれば避けたいところだ。

どちらにせよ、大金をポンッと渡せるほど、あなたにも経済的な余裕はないだろう。おそらく、すでに金融機関から借りられない社会的信用度の低い相手だ。貸したお金が、すぐにあなたの元へ全額返済される可能性は低い。

それでも、かすかな期待を込めて、大金を貸すのか。

この問題、**運を味方にする観点から言えば、結論は「貸してはいけない」のである。**速攻即決できっぱりと断ってほしい。ここで断れるか断れないかが、「運命の分かれ道」なのだ。

一部の例外を除けば、借金で困っている人のほとんどは自業自得だ。景気のせいや家族のせいにしている人もいるが、突き詰めれば、自分自身が招いた種である。事業の失敗や保証人の肩代わりなど、不運と呼べる状況に追い込まれている人もいるにはいるが、だからといって他人のあなたが一緒に失敗を背負う義務はない。

あなたの迷惑を顧みず、目先の資金繰りのことで頭がいっぱいになっている自己中心的な友人の申し出を受け入れた瞬間、友情関係は終わりを告げ、債権債務関係へと変貌《へんぼう》していく。

これは、お金の損得だけのことを言っているのではない。

あなたが「相手のことを思って断れるか」という、思いやりの問題なのだ。

お金を貸した一瞬だけ気持ちよくなり、「いい人感」に浸っている場合ではないのである。後々になってお互いに嫌な思いをし、さらに事態は深刻化するのが分かっていながら、その場で**「ええかっこしい」を演じてしまう不幸体質からは卒業すべきだ、**と言いたい。

今、貸すことで、むしろ友人を追い詰めることになるかもしれないのだ。助けることになるとは限らない。


すべきことはお金を貸すことではなく、**事情を聴いた上で、解決策を提案してあげることだ。その友人の生き方や暮らしぶりを改善指導しなければならない。**

あなたからの痛い言葉に対して、友人は聴く耳を持ってくれないかもしれない。「大きなお世話だ」と声を荒げるかもしれない。「それよりも、すぐに金を貸してくれ」と土下座をして懇願するかもしれない。

それでも、友人の行動を正すのが、本当の友情だろう。

たとえば、計画的に返済するための弁護士を紹介する。低金利の金融機関への借り換えを提案する。無謀な投資を引き留める。支出を減らす節約の方法を伝授する。浪費癖やギャンブル依存症を叱責する。地道な別の仕事を紹介するなど。目先のことしか考えていない困った友人に対して、現実と向き合うよう**「苦言を呈する」ことができるかどうか。そこが"運気を呼べる生き方"かどうかの分水嶺《ぶんすいれい》である。**

ところが普通、これがなかなかできない。お金を貸してしまうほうが簡単だからだ。その場では「一生、恩に着る」などと頭を下げられ、感謝されるわけだから、説教して恨まれるよりよっぽどましである。しかしそのお金は、返ってこないどころか、数カ月後には滞納となり、さらには「増額」の申し出となっていくのだ。あなたがそれを断ると、「ふん、なんだよ、ケチ」となって、人のいいあなたは逆恨みされる羽目になるのである。あなたにその覚悟があって貸すなら、貸すがよい。

後悔したくないなら、あなたを困らせる申し出は、お金の「無心」だけに限らず、徹頭徹尾、断ることである。あなたを困らせる人を容認し、受け入れてはいけない。頼られたときは「正義」の心で、共に解決への道へと導いてあげればよいのである。

もし「どうしても頼む」と頭を下げられたら、プレゼントしてしまえばいい。あなたの財布の中身と相談しながら「返さなくていいよ」と数千円か数万円を渡してしまえばスッキリだ。「あとは出世払いでいいよ」と一切当てにしないことだ。もし、貸したお金が戻ってきたらラッキーである。お金を差し出すときには、「寄付」または「餞別《せんべつ》」と割り切って、見返りを期待してはいけないのだ。

ややもすると、50万円の借金を申し込まれて、5万円しか渡せなければ、感謝されるどころか、恨まれるかもしれない。「ケチな奴」「冷たい人」と思われて、それっきり疎遠になってしまうかもしれない。

しかし、それでも仕方がないと、割り切るしかないのだ。そう、手切れ金だ。**却《かえ》って「よかったのだ」と、人間関係を断捨離できたことを喜ぶべきである。**

それを実行できる勇気ある人にだけ、引き換えとして、幸福を運ぶご縁が訪れることになっているのだ。

運を
呼び込む
ために

嫌なことを断れば断るほど、幸運がやってくる。
不幸を呼ぶ「いい人」を演じるな。

第7章

家族・恋愛

×

運

31

「人生の万馬券」を呼ぶ親孝行

当たり前のことを誇らしげに言うのも憚《はばか》られるが、私はかなりの「親孝行息子」だと自負している。

我が家は7人家族だ。愛する妻と3人の娘、そして昭和ひと桁生まれの両親と共に同居している。2世帯住宅などではなく、一つ屋根の下で暮らしているのだ。

十数年前に、年老いてリタイアした両親を転勤先の名古屋に呼び寄せ同居を始めた。そのとき同居を快諾してくれた妻には、心から感謝している。

事情により蓄えがなく年金の受給資格さえもない両親にとっては、私の収入が頼りである。今でも両親には毎月高額なお小遣いを渡しているし、同居する以前から経済的な援助も行っていた。たとえば、不定期で緊急な必要資金を仕送りしていたのだが、20万円だったり、30万円だったり、ときには80万円というときもあった。

すると不思議なことが起こった。**仕送りをした直後、ほぼ同額の万馬券が当たるのである。**20万円を送ると20万円の当たり馬券が……、30万円を送ると30万円の当たり馬券が……。これには妻も目を丸くして驚いていた。

私は決して頻繁に競馬場へ通うようなギャンブラーではなく、ときどき天皇賞や有馬記念などの大きなレースの馬券を買う程度のことである。よって、その馬券が当たるだけでも珍しいことであり、それが万馬券になるということは、めったにないことなのである。それがたびたび続くとなれば、それはもう奇跡と呼ぶしかない。

さらには、金額までもが繰り返し合致しているのだから、もはや「親孝行の恩恵」であると信じるには十分なデータだろう。

そしてさらに、同居後の2005年3月、品川支社長への辞令が出て異動が決まり、東京へUターンする引っ越しの手配をしようかという頃のことである。

「チューリップ賞」という重賞レースにおいて、ついに〝百万馬券〟が当たってしまうのだ。百円玉1枚が123万7千2百円に化けた。万馬券のさらに百倍以上、1万2372倍の馬券だ。これもやはり**親孝行の恩恵であることは間違いない。**

これまた不思議なことに、その時期の123万円という金額は、家族7人そろってコンテナ4台分の大移動となる引っ越し代金や諸費用とほぼ同額であり、まさに〝天からの引っ越し祝い〟が届いたようであった。

余談ながら、**チューリップの花言葉は「思いやり」**である。

仕事の成功や収入についても同様の法則が当てはまる。**私が高収入であるから親孝行ができているわけではない。親孝行してきたから高収入なのである。**

同居を境に、間違いなく運気は急上昇した。それまでどん底に低迷していた名古屋支社が両親を呼び寄せた途端に飛躍的な快進撃を始め、多くのMDRTを擁する「10冠王」の全国ナンバー1支社にまで発展したこともまた、偶然ではない。

本の出版が実現し、作家としての人生がスタートしたのもこの頃である。

両親は孫たちとも仲が良く、家族関係は極めて良好だ。両親への長寿のお祝いや誕生日などのイベントには、孫たちも率先してプレゼントや感謝の手紙を渡している。

家族揃って運がいいのは、そのおかげに違いない。不運と思えるような出来事が起きても、あらゆる選択がよい方向へと向いていき、結局は幸運が続いていく。それはまるで、見えないご先祖様にでも守られているかのようである。

もうすでに両親が他界してしまったという人であっても、お墓の掃除をしたり、仏壇にお供え物をして手を合わせるだけでもいいだろう。

私には「幸運は、親孝行が連れてくる」という確信がある。

なぜなら、親孝行をしたあとには必ず起こる「運のいいこと」を実感してきたからだ。

大事なのは〝行動〟だ。

両親より授かった「命の尊さ」と「感謝の気持ち」を忘れず、親孝行という〝行動〟に表すこと。親孝行を実行に移せば、より一層喜びと幸せに満ちた人生を送ることができる。

運を呼び込むために

産んでくれた人生の大恩人に対し感謝の思いを「実行」に移せ。

32

家族へのラストラブレターを元旦に毎年書きかえる

「明けましておめでとうございます」と、無事に新年を迎え、周囲が祝賀ムード一色に酔いしれている元旦の朝、私は毎年恒例の〝ある儀式〟を執《と》り行う。

それは、**「遺書」を書く**こと。

遺書というと大袈裟だが、愛する家族宛てに**最後のラブレター**を書くのである。「ラストラブメッセージ」だ。

お正月早々〝死〟を意識して「遺書」を書くとは縁起でもない、とあなたは思うだろうか。たしかにエキセントリックな行為である。しかも私は、余命を宣告されたわけでもなく、入院経験さえもない超健康体の中年男性である。ましてや、法律上「遺言書」を残さなければならないほど資産があるわけでもない。

それでも私は、遺書を書く。

なぜなら、「明日の死＝残された時間」を意識して手紙を書いてみると、家族と寄り添って生きていく喜びこそが、何よりも自分の人生を充実させていることに改めて気づかされるからだ。そして、**思いがけない「幸運」という天からの贈り物が届く**からである。

だから私は、お正月になると、誰にも邪魔されないように一人で自室に閉じ籠もり鍵をかける。電気を消して薄暗くなった部屋には「タイタニック」などの物悲しい音楽を流す。そんな「最期の演出」もまた、幸運を呼ぶ儀式の一つだ。

意外にも手紙の内容は、毎年少しずつ変わるもの。年を取るごとに自分の心境の変化が汲み取れるから不思議だ。

「お前たちのおかげで、楽しい人生だったよ。みんなと家族でいられて幸せだった」
「家族みんな仲良く、力を合わせて、生きていってほしい」
「もっとたくさん話し合っておけばよかった。力いっぱい抱きしめておけばよかった」
「せめて最後にもう一度、みんなで旅行に行きたかった。そろって食事がしたかった」
「ありがとう、本当にありがとう。ママ、子どもたちのこと、よろしく頼む」

遺書を書くことで、今こうして、〝生かされていること〟が何よりも「天からの贈り物」

であることに気づかされる。**幸運とは探し求めるものではなく、目の前にある幸運に気づくことだと思い知らされる**のだ。

もし、あなただったら、大切な家族にいったいどんなメッセージを残すだろうか。短い言葉でもかまわない。〝愛〟を込め、正直な気持ちを書き連ねてほしい。


たとえば、あなたが乗った飛行機に緊急事態のアナウンスが流れてきたとしよう。

「ただいまから、この飛行機は墜落します！　シートベルトをお締めください！」

飛行機は高度1万メートルの上空から急降下し始め、あなたは「死」を覚悟する。

そのときあなたは遺される家族のことを思い、手紙を書くのではないだろうか。

御巣鷹山《おすたかやま》に墜落した日航機の中から発見された「最期のメッセージ」のように、あなたもその状況を想像しながら書きとめてみるといい。


私は生命保険を遺族にお届けする仕事を通して、「最期のとき」に何度も立ち会う経験をしてきた。運命を受け入れる覚悟を決めた人は、例外なく**愛する家族との時間を大切にして、残された一日一日を悔いのないように生きていく**ものだ。

実際に癌だと診断され、残された命があと3カ月だと宣告されたら、あなたはどうするだろうか？

おそらく、残された日々の中で、それまで以上に家族に優しく接し、一人ひとりに「遺言」を届けていくことになるだろう。

眠りにつくときには、「私はあと何日の命なんだろうか」と思いながら家族を抱きしめ、「おやすみ」を告げるはずだ。そして朝目覚めると「ああ、生きていてよかった」とほっと胸を撫で下ろし、生かされている幸せを実感するだろう。

今まで当たり前に見過ごしていた家族の存在に感動し、涙するに違いない。

人間とは、人生の終わりが近づいてきて初めて「幸福とは何か」に気づくのである。

運を
呼び込む
ために

人生最後のメッセージに愛を込め、平穏な日々の中にある幸運に気づけ。

33

恋人に、幼いころの深刻な秘密を打ち明けろ

私のところへ駆け込み寺のように「人生相談」にやってくる男女が後を絶たない。そのほとんどは人間関係の悩みである。もちろんその中にはご本人にとって**切実な「恋愛相談」**も含まれている。

恋愛がうまくいかないお悩みの原因については、「男運がないから」「女運がないから」と結論付けている男女は少なくない。

お気の毒なことに、モテないこと、お付き合いが長続きしないこと、異性を見る目がないこと、DV被害、金銭トラブル、三角関係、離婚、ストーカー、嫁姑問題に至るまで、すべて「恋愛運が悪いから」と決めつけているのだ。自分の魅力のなさ、努力不足、消極性、コンプレックス、判断ミス、エゴイズムなどは、すべて棚に上げてひたすら運を嘆いている。

こうしてすべてを運のせいにされてしまった〝恋愛の神様〟もお気の毒としか言い

ようがない。言ってみれば、お悩みのほとんどは犬も食わない自業自得な恋愛相談なのだが、「なかなか良いご縁に恵まれない」という人には、ズバリ解決策を伝授してあげることとしている。

私は大手検索エンジンの婚活サイトにコラムを連載していたことがある。ときどき婚活イベントに招待されてセミナー講師を担当したこともあったが、たしかに縁が逃げていきそうなオーラを醸し出している男女が数多く参加していた。彼らと話していて感じたことは、**多くの男女が相手との「距離」を取って付き合っている**ということである。心を閉ざしているといってもいい。だから、〝怪しい〟「何を企んでいるかわからない」「何かを隠している」という印象を相手に持たれてしまうのだ。いつまで経っても〝腹の探り合い〟をやっている。

「恋愛運が悪い」という思い込みもまた、自分にブレーキをかけてしまう要因だろう。これでは、せっかく良い出会いがあったとしても、そのチャンスを逃してしまうだけだ。

「運が悪いから」などと言っているから運が悪い、という言霊の大原則については、別の章でじっくり解説するとして、ここでは「運命の人」との距離感をグッと縮めることのできる、とっておきの秘策を伝授しておきたい。

まずは、食事の席など二人きりで話す機会があったら、趣味や仕事の話はほどほどにしてほしい。ましてや社交辞令のような天気や景気の話などは、もう互いにうんざりだろう。退屈極まりない。

かといって、コミュニケーションの基本である、相手を楽しませてあげるトークや、相手の話を熱心に傾聴してあげる姿勢を続けるのも……、あまりにも普通過ぎる。それだけでは、友達以上恋人未満の関係からはなかなか抜け出せない。

もっと「あるがまま」の自分をさらけ出し、自然体で隙《すき》を見せたほうが相手は安心して距離を縮めてくれるのだ。深い関係に発展させたいのであれば、**〝深い話〟をしてほしい**。「普通」じゃない関係をつくるには、「普通」じゃない話をするに限る。

たとえば、「生い立ち」。とくに5歳〜10歳頃までの両親との関係ついて、象徴的なエピソードなどをストーリー仕立てで語ってほしい。誰にだってあるだろう。「父親との確執」「亡き母との思い出」「兄弟姉妹への嫉妬」など、事実を話してほしい。

そして、さらに効果的なのは、あなたの「懺悔《ざんげ》」である。あなた自身がしでかしてしまった〝事件〟があるはずだ。誰にも言えないようなあのことである。今もなお、後悔している出来事もあるだろう。

相手との距離が縮まること、この上ない。

もし、縮まり過ぎて相手がどん引きしてしまったとしたらそれまでことだ。あなた自身の原点とも言うべき出来事に共感してもらえなかったのだから、縁がなかったというしかない。

むしろ「踏絵」になってちょうどいいくらいだ。

あなたも「カミングアウト」してほしい。勇気を持って〝秘密〟をさらけ出すのである。

そうして目の前の神父（新婦）に赦《ゆる》しを請うのだ。

運を呼び込むために

過去を懺悔すればするほど、愛は深まる。
「運命の人」は、自ら引き寄せろ。

34

失恋を嘆かずに受け入れると、怒涛の如く幸せがやってくる

失敗、失態、失言、失業、失望、失恋と、「失」のつく言葉は数々あれど、失ってみて最も深く落ち込むのは、やはり〝失恋〟なのではないだろうか。その時点では「この人しかいない」と一直線であるから、もうこの世の終わりかと、死にたくなるほどに辛いのが失恋だ。

たとえ、人生において挫折感を味わったことのない人であったとしても、一度や二度くらいは失恋の経験があるはずだ。どちらかといえば「人生、失恋の連続」というお気の毒な人のほうが多いのかもしれない。

失恋なんて時間が経てば癒えるもので、新しく好きな人ができれば忘れられる――、と分かっちゃいるけど、しばらくの間はうわの空で何も手につかず、そう簡単に気持ちを整理できないのもまた失恋の試練なのである。

しかし、ズルズル、メソメソは「恋愛の悪魔」の大好物だ。**一途な気持ちを引きづれば引きづるほど、運気は落ちていく。**

そして、次の恋愛でも同じような失敗を犯すのだ。

あなたの周りにもよくいるだろう。同じようなタイプの相手と同じような過ちを繰り返している「呪われた男女」が……。

もし呪われている心当たりがあるのなら、今日から失恋の解釈を変えてほしい。

失恋のロジックを理解し、嘆き悲しむのをやめ、恋愛の本質を心から受け入れることができれば、怒涛の如く幸せを引き寄せることができる。

そのためにはまず、すべての男女は次のような「恋愛レベル・７段階」に分類できることを知っておいてほしい。

恋愛レベル①【エネルギッシュ】　純潔な愛情がブレない情熱家

誠実で正直、思いやりある包容力に溢れ、向上心がある。

恋愛レベル②【プロアクティブ】　明朗快活な社交家

ポジティブで自由奔放な積極派だが、気配りができ責任感もある。

恋愛レベル③【ノーマル】「優しい人」を演じる常識人
衝突を避ける平和主義者、優柔不断で慎重に選択する。
恋愛レベル④【アバウト】　消極的で冷めている怠け者
無責任でいい加減だが憎めないキャラクター、人生に退屈している。
恋愛レベル⑤【アングリー】　不機嫌でヒステリックな独裁者
怒りや脅しで相手を支配するエゴイスト、傷つけ合い破滅していく。
恋愛レベル⑥【ジェラシー】　嫉妬深い危険人物
虚勢を張る偽善者で、相手を過剰に束縛する執念深さがある。
恋愛レベル⑦【ダーク】　自己卑下している臆病者
無気力で悲観的、利用されても邪悪な相手にしがみついて生きていく。

すべての男女は、この7つの恋愛レベルのどこかに位置づけられる。
あなたも思い当たる人がいるのではないだろうか。

男女関係が壊れるときは、どちらか一方の恋愛レベルが変化したときであると解釈してほしい。恋愛レベルが成長したからこそ終わったのである。相手があなたの成長についてこられなかったのか、あなたが相手の成長についていけなかったのか、どちらかである。

あなたが現状に甘え、成長する努力を怠ったときに相手は巣立っていき、あなたは置いていかれる。しかし、あなたの恋愛レベルが上がったのであれば、次なるお相手はよりレベルの高い人と出会えることになる。

失恋とは、恋愛レベルという「幸せの階段」を上がっていくことなのだ。失恋のときこそ、恋愛レベルを上げる絶好のチャンスなのである。

恋愛レベルが高いもの同士の仲は、健全に長続きする。

もし、同じ相手と永遠の愛を添い遂げたいと思うならば、お互いに成長していくしかない。そうして愛をクリエイティブしていくしかないのである。

運を
呼び込む
ために

失恋のときこそ、「恋愛運」を上げる絶好のチャンスであると心得よ。

35

親の口ぐせが子どもを「幸運体質」に育てる

私は幼い頃、母から毎日のように、耳にタコができるほど聞かされたフレーズがある。

それは、

「お前はいつも運がいい」
「マサルはホントにツイてる」
「この子は幸運だから」

である。

その言葉は、気休めで言っていたのではなく、力強く確信的に私へ伝わってきた。

まったく信じて疑わないという様子だったことを今でも覚えている。

「勉強しなさい」「頑張りなさい」というような言葉は、母から聞かされた記憶がない。

しかし実際の私は、どちらかといえば地味でおとなしく、どちらかといえば、引っ込み思案で「運の悪い少年」だった。

近所のガキ大将におもちゃを盗られ、泣かされて帰ってくる。授業参観では答えがわかっていても手を挙げられない。そろばん教室の試験会場に入る勇気がなく「そろばん8級」のまま辞めてしまう。ソフトボール大会では押し出しフォアボールの上に満塁ホームランを打たれる。

というように、子どもなりにコンプレックスを抱えて生きていた私は、「ボクはなんてダメなんだろう」と不運を嘆いていたほどである。

そんな「強運」などとはほど遠い私の子ども時代。なぜ、母は「うちの子は運がいい」と思い込むようになったのか。

それはある〝事件〟がきっかけだった。

私が神奈川県厚木市に住んでいた小学校低学年の頃。近所の商店街のガラガラポンの福引で、なんと一等賞の「熱海温泉旅行ペアでご招待」を引き当てたのだ。個人情報の規制もない昭和時代の商店街、抽選会場には大きく名前入りの垂れ幕がドドーンと飾られ、近所のおばさんたちの間でいっとき評判になった。

それは、単純な私の母親にとって、かなりのインパクトのある出来事となったようで……。それからというもの、このたった1回の偶然によって、「この子は運がいい」「この子はツイてる子なんだ」と強く思い込んでしまったのだ。


この母の大きな勘違いにより、私は「自分はツイてる人間だ」と、強烈に〝洗脳〟されることとなった。まさに育ての母の影響とは絶大である。

車と接触して自転車から転倒し膝から血を流している私を見て「お前は運がいい」と言い放ち、まったく受験勉強せずいくつも大学を落ちた私に向かって「お前はツイてるから受かる」と言い切った。

もちろん、交通事故は軽傷のみ、大学は最後の一校で見事合格である。


そのように幸運のメッセージを日々刷り込まれた私は、その後の人生において「運がいい」「ツイてる」という言葉を常にアウトプットするようになっていった。

我が3人の娘たちにも、生まれたときからずっと「ツイてるメッセージ」を投げかけている。私は家族と共に**「運がいい」「ツイてる」という口癖を合図にして〝死ぬ気〟**

で行動を起こしてきたのだ。

その恩恵たるや、計り知れない。娘に至ってはアイドルグループのオーディションにトップ当選し、メジャーデビューを果たしてしまうなど、それはもう、語り尽くせないくらいの好結果に恵まれてきた。それはそうだろう。家族全員が「きっとうまくいく」と確信しているのだから。

口ぐせによって刷り込まれた幸運体質は、何ものをも恐れないチャレンジ精神と積極性、そして勇気を、私と家族に与えてくれたのだ。

いつも運のいい人が「運がいい」と言っているわけではない。いつも「運がいい」と言っている人に運が向いてくるのである。そして、何事も「うまくいく」と信じて、行動し続ける人に好結果がもたらされるのである。

運を呼び込むために

親からの「幸運の言霊《ことだま》」によって、子どもを正しく〝洗脳〟せよ。

第8章

言葉 × 運

36

出勤前にトイレの神様と仲良くなる

3階建ての我が家には、トイレが3つある。その各階のトイレの内、3階のトイレだけは来客が使うこともない家族専用の〝特別ルーム〟になっている。体裁を整える必要もないため、トイレ内の装飾は私の自由にやりたい放題、**運気がアップするコーディネートを施している。**

まず特筆すべきは、そのトイレの壁に「感謝」という大きな二文字がたくさん踊っているという点である。**家族全員が毛筆で書いた「感謝」の二文字**だ。

かれこれ十年近く開催し続けている我が家の「新春書き初め大会」。それは十年前のお正月に私の思いつきから始まり、今では我が家には欠かせない新年の「恒例行事」となっている。その「感謝・感謝・感謝・感謝・感謝」の半紙を家族全員分、トイレの壁をぐるっと囲むように貼っているというわけなのである。

私の一日は、その「感謝」の二文字に励まされてスタートする。

毎朝、トイレの便座にしゃがみこんで、その家族全員の「感謝」の文字を眺めていると、家族への感謝の気持ちで胸がいっぱいになり、この上ない幸せな気分に浸《ひた》れる。朝の眠気を覚ましてくれるだけでなく、スーっとカラダの疲労をも取り去ってくれるのだ。そして様々なストレスからも解放してくれるのである。

消化しきれなかった嫌なことや悩み事までも、まるで便器の中へ「ジャー」と流されていくかのように感じるから不思議だ。まさに「魔法の掛け軸」なのである。

その「感謝」の二文字は、お正月になると毎年リニューアルされる。貼り替えられた「書き初め」からは、その年その年の〝家族の成長〟をも見て取ることができる。

当初は三女がまだ小学校へ入学する前で漢字が書けなかったため、三女の書いた一枚だけは「感謝」ではなく「ありがとう」の毛筆であった。幼い手で一生懸命書かれた「ありがとう」の文字を見るたび感動し、心に熱くこみ上げるものがあった。

やがて三女も高学年に昇級し、皆と同じように、「感謝」の二文字が書けるように成長していった。毎年、年が明けるたび、家族全員の決意も新たな〝ハッピーニュー感謝〟へと更新されていったのである。

我が家のトイレの壁に貼られている「幸運のメッセージ」は、まだまだ、それだけではない。

視覚に飛び込んでくるようにポジティブワード満載のいろいろなポスターをベタベタと前後左右の壁に貼りつけている。あれやこれやと「運気がアップする言葉」が貼り巡らされ、我が家のちょっとした掲示板のようになっている。

4連続で当たった「当選した宝くじと当選番号の記載されている新聞のコピー」などもあった。

3人の娘たちと共同制作した「ポジティブワードの英語版ポスター」は、今もドアいっぱいにデカデカと掲げている。**「It is easy」「I can do it」「Happiness」「I love you」「Wonderful」「Great」「Active」**等々、たくさんのポジティブな単語や熟語が数十種類も並んでいる。中には、**「Money is enough**（お金がある）**」「Yes,with pleasure**（はい、喜んで）**」**などの言葉もある。英語の勉強をしながら前向きになれ、大変実用的でもある。

その他、著名な成功者の日めくりカレンダー各種も並ぶなど、**便座に座った途端に次々と「前向きになれる言葉」が目に飛び込んでくるトイレになっている**のだ。

朝からポジティブワードのシャワーを浴びることができるのである。

寝起きからいきなり「うぉー、今日も一日いいことあるぞー！」とやる気満々にさせてくれるトイレなのだ。

日々快食快便で健康な私は、毎朝5時55分から「排泄すれば排泄するほど幸運が舞い込むトイレ」で用を足している。私が日々、幸運の連続なのは、この「特別ルーム」で過ごす5分間のおかげなのである。

「トイレの神様」というヒット曲があったが、まさにトイレには神様が住んでいるのではないだろうか。トイレには運を動かす何かがあるのだ。そして、それを動かすのは「言葉の力」なのである。

運を呼び込むために

トイレの壁に「運がよくなるフレーズ」を貼り付けろ。

37

帰宅するまでに、感謝のメッセージを100回唱えろ

運命に翻弄されている「ツイてない人」の心の中は、ある共通の病原菌に蝕《むしば》まれている。人間社会に蔓延《まんえん》しているこの恐ろしいウイルスは、今や人の心から心へと世界中で広がりを見せている。そう、それは〝せい病ウイルス〟だ。もちろん、この病は泌尿器科へ通っても治らない。

この病を発症している人は、対人関係に悩んでいることを相手の「せい」や環境の「せい」にする、職場での低い評価を不景気の「せい」や上司の「せい」にする、家庭不和の原因をすべて妻（夫）の「せい」や姑・小姑の「せい」にする、というように、いかなるときでも、〝恨み節〟を口ぐせにしている。

会社が悪い、お客様が悪い、部下が悪い、友達が悪い、親が悪い、政治家が悪い、などと自分以外のすべてを「悪者」にしている。「運が悪い」と苦悩する人の多くは、いつも誰かに腹を立てている。責任転嫁する被害者意識のかたまりとなり、嘆くのだ。

さて、あなたを窮地に追い込んでいる問題の原因というのは、あなたの「外」にあるのだろうか。それとも、あなたの「内」にあるのだろうか。

その答えを知らないままで、いつまでも自己中心的な責任転嫁ばかりを続けていては、「病気も、運気も」悪化していくばかりである。

しかし、安心してほしい。〝病魔〟を撃退することができる「ウイルス対策ソフト」をすでにあなたは内蔵している。ウイルスに侵されてしまったあなたという「コンピューター」に、次の5文字の暗号を〝データ入力〟するだけでいいのだ。

その暗号とは、「あ・り・が・と・う」の言葉だ。

「ありがとう」の言葉を毎日毎日これでもかこれでもかと口にしてほしい。潜在意識に入力するかのように刷り込み、「感謝仕様」の心へとアップデートするのである。

幸運を呼ぶ〝ルーティン〟として、四六時中、「ありがとう」の呪文を唱えながら歩くこと。**「ありがとう、ありがとう、ありがとう」と、ステップに合わせてリズムを刻みながら帰宅の途に就く**のだ。最低でも100回は唱えてほしい。私の場合、乗ってきたら「感謝系ソング」を口ずさむこともある。おかげで病気知らずだ。

せい病ウイルスに冒されているあなたは、感謝の気持ちを忘れかけている。試練に悩んでいるとき、問題に行き詰まっているとき、他人を恨みたくなるときは、例外なく感謝の気持ちを忘れているときだ。

今、あなたは現状に感謝して暮らしているだろうか。もしかすると、感謝しても感謝しても全然いいことがない、と憤《いきどお》っているのではないだろうか。

誰にだって日々いい出来事ばかりが起こるはずはなく、むしろ悪いことやうまくいかない出来事のほうが多いはずだ。それが現実であり、それが人生なのである。

しかし、都合のいいことだけに感謝しているあなたに、幸運が続けて訪れることはない。あなたは、**何もいいことのない当たり前の〝平穏な今〟に心から感謝しなければならない**のだ。

もしあなたが神様だとしたら、感謝の気持ちのないエゴイストを応援する気になるだろうか。何かいいことをしてあげても、「当たり前」と言わんばかりの傲慢な人に対して、その後も尽力してあげようという気になるだろうか。

応援するはずがない。むしろ逆に「こいつめ！」と、懲らしめてやりたくなるのではないのか。あなたにツイてないことばかり起こるのは、そのためかもしれない、と自省してほしい。もうそろそろ、あなたと関わりのあるすべての人たち、すべての当たり前の出来事に感謝する生き方に進化しようではないか。

もっと言えば、不幸な出来事に対してでさえも、感謝できるレベルに進化してほしい。**不運なトラブルにも「何か意味がある」と解釈し、その運命に感謝しながら乗り越えていく積み重ねが、より一層の幸運体質へとつくり上げていく**のだ。「幸運が隠された不運」がやってきたとき、「よしよし、またきたか。有り難い」と余裕綽々にそれと気づけるかどうかが幸福への分水嶺なのである。

不運と幸運はセットメニューだ。「幸運サーロインステーキ」には、必ず「不運スープ」がセットされている。しかも、先にスープを食べないとサーロインステーキを味わうことはできない。

幸運な人は幸運だから感謝しているのではなく、感謝の言葉を口にする人だから幸運が訪れるのである。幸運を引き寄せる〝肯定的な解釈〟は「あ・り・が・と・う」と言える感謝の心からしか生まれない。

運を呼び込むために

「ありがとう」に勝るおまじないはない。運を引き寄せるリズムであなた自身を救え。

38

相手の「好きなところベスト100」を作成する

運のいい人は正直だ。人に対しても自分に対しても正直に振る舞える。いつも自然体なのだ。裏もないが表もない。「裏も表もない〝おもてなし〟」の心遣いに溢れているのである。

運のいい人は遠慮なくストレートに人を褒めることができる。まったく嫌みのない褒め上手なのだ。企みなどなく純粋な気持ちから人を褒めている。そもそも褒めることに喜びを感じているのだ。だから、照れくささを感じさせない。まさにその姿は、「褒めるコンシェルジュ」である。

当の本人は気づいていないかもしれないが、実は、相手を褒めるという行為は、自分が相手から褒められているのと同じ心理的効果を生む。これはすでに実証されている。**人を喜ばせると同時に、自分自身の潜在意識をも喜ばせている**のである。

人もハッピーなら、自分もハッピー。このような人に運気が向いてこないはずがないだろう。こうして幸せが幸せを運んでくるのである。

人の長所を認めない強欲な成功者は短命だが、人の長所を素直に認め、それを褒めている成功者は、息が長い幸運な人生を送っている。やはり、長所を見つけ出す能力や行動力に長けている人は、「本物の自信」を育てることができるのだ。

ということは、熱心に人の長所を見つけ、それを積極的に褒め、自分の潜在意識を喜ばせ続けることができれば、運も実力もついてくることになる。継続的に人生の幸福が手に入るということになるのである。

人の長所の中に「幸運」が隠されているのならば、それはまるで「幸せの宝探しゲーム」のようでもある。見逃してしまったらもったいない。

しかし、つい人の欠点や短所を指摘してしまい、それを改めさせるという〝粗探し〟が得意な人も多いだろう。

そんなあなたに、より効果的なトレーニング方法を伝授したい。人の長所を見つけ出し、嫌みなく褒め上げることができるようになるための訓練である。

それは、**あなたの大切な人から順番に、「相手の好きなところ」「良いと思うところ」**

「何かしてもらって嬉しかったこと」の〝ベスト100〟を作成することである。

たとえば、次のように書き出してほしい。

「いつも優しく声をかけてくれて、私も優しい性格になれた」

「服のセンス最高！　私も参考にしている」

「斬新な営業トークを真似したおかげで、私も表彰された」

というように、相手の長所によって、自分自身がどのような好影響を受けたのかという題材はベスト中のベストである。

「目が好き」「声が好き」「歩き方が好き」「ゴルフが上手」「車の運転ができる」「約束の時間を守る」「明るい」「思いやりがある」「正義感が強い」「仕事が速い」「パソコンが得意」「お酒が飲める」など、純粋に〝好き〟と思えることでかまわない。思いつくままに列挙してほしい。

私はここ十数年、このトレーニングをたくさんの仲間や部下たちに伝授してきた。その成果として、多くの人間関係が改善されたと同時に運気がアップしてきたという報告が、次々と私の下に届いている。

「100個褒める」ともなると、相手のいいところだけにフォーカスして「お宝」を見つけ出さなければならないため、マイナス面には目をつぶり、相手の長所・強み・

魅力だけを探し出すしかなくなる。そもそも長所と短所は紙一重である。たとえば、「慎重さ（消極性）」と「大胆さ（無鉄砲）」は、どちらも長所にもなるし短所にもなる。**トレーニングを進めていくうちに欠点でさえも好きになってしまう**ものだ。

もちろん、その当人へそのまま伝えてあげると、かなりのサプライズ効果がある。「好きなところベスト100」を伝えられた相手は、数字どおりに「100倍」は喜んでくれる。と同時に自分の潜在意識へと返ってくることとなり、自分自身も100倍好きになれるのである。

ぜひ、自分自身を好きになるトレーニング法だと思って、すぐにでも「好きなところベスト100」を作成し始めてほしい。

人間関係において運気をアップさせたいと願うあなたであるなら、ここはひとつ、〝お宝鑑定士〟を極めるほどに褒めて褒めて褒め上げることを目指すのだ。

運を
呼び込む
ために

人の長所を見つけるほど運気は豊かになり、短所を見つけるほど運気は腐っていく。「宝探しゲーム」に明け暮れよ。

39

口ぐせの「報い」と「恩恵」があることを知れ

「言霊」がいかに運気を動かすのか、もう理解してもらえただろうか。

言葉にはプラスのパワーもあればマイナスのパワーもある。口にする言葉によってあなたの運命が左右されるとするならば、言葉を変えるだけで人生を１８０度変えることも可能なわけだ。

これからはもう、「幸福な未来をつくる言葉」だけを使って生きてほしい。プラスの言葉以外は使ってはいけない。縁起の悪い言葉、起きたら困る心配事、自虐的な冗談、不吉な予感なども口にしてはいけない。言葉に発すると、それらはものの見事に実現してしまうからだ。

とくにマイナスの言葉には要注意だ。

たとえば、プラスの言葉で褒めるどころか、「人の嫌いなところベスト１００」ならすぐ作成できるという〝欠点探しの達人〟も多い。しかし、**悪口・陰口も100倍となって自分自身の潜在意識へと返ってくる**ので、気をつけてほしい。

うっかり口に出すたびに、自分が嫌いになる。そして、嫌いな自分を不幸にするための「行動」が始まる。愚かにも知らず知らずのうちに〝憎たらしい自分イジメ〟の行動をとるのである。

誹謗中傷《ひぼうちゅうしょう》に同調してくれるエゴイストなパートナーを選び、破滅の道を進む。危ない投資だとわかっていながら勝負し、なけなしの財産を失う。

暴飲暴食や自堕落な生活を選び、健康を害する。

というように、悪口・陰口は、あなたの幸せにブレーキをかけるだけでなく、不幸へまっしぐらの人生となっていくのである。彼らの口ぐせはやはり「人生なんて最低最悪」である。ここでもまた、罰当たりな〝天への悪口〟を言っている。

「私の未来はこうなる」というあなただけのポジティブなキャッチコピーを口ぐせにしてほしい。

たとえば、私が外資系生保で名古屋支社長を務めていたとき、「10冠王」というフレーズを言い続けていた。「10冠王」「10冠王」「10冠王」と朝から晩まで唱え続け、「10冠王ポスター」までフライングで作成して、支社内に掲示していた。

するとどうだろう。どん底で弱小だった私の支社は、やがて全国のコンテストで、本当に10の主要項目すべてが第1位になってしまった。

その項目というのは、目標達成率、換算保険料収入、契約件数、個人平均効率、MDRT（Million Dollar Round Table の略、トップ〝6％〟の生保営業が集う世界的な組織）占有率、入賞基準達成者占有率、在籍規模（採用数）、新商品売上、継続率、すべて全支社中トップとなった。しかも、断トツの成績でぶっちぎりである。

今、振り返ってみると、**「言霊（スローガン）」によって「行動」が支配され、その行動によって「運」を動かした奇跡**であった。


その頃、「リクルートの神様を味方にして100名体制の支社をつくる」というフレーズも私の口ぐせだった。「リクルートの神様」というのは、一生懸命スカウトの仕事をしていると採用の神様が舞い降りる、という意味の言葉である。優秀で野心的なアントレプレナーを探し出し、我々のプロの世界へと口説き落とすのは本当に難しい。

しかし、このフレーズを連呼しているうちに本当にリクルートの神様が奇跡を起こしてくれた。40名そこそこ（半分は退職予備軍）の潰れかけていた支社が、3年後には

１００名の陣容（うちＭＤＲＴ35名を輩出）を超えるまでに組織を拡大することができたのである。業界関係者が聞いたら、きっと「信じられない」と言うだろう。

そう、これもまた**「言霊」が起こした奇跡**の一端なのである。

「ツイてる！　ツイてる！」というフレーズは、私が麻雀を覚えた35年前の大学生時代からの口癖である。「ツイてる！　ツイてる！」を一晩中連呼し勝ち続けたのだが、会社内においても、社員が挨拶代りに使うようになり、落ち込むような大きな失敗があったとしても「ツイてる！」を連発していた。打ち上げでカラオケに行けば、合いの手は「ツイてる！」だったし、ついには私のオリジナルデザインにて「ツイてるシール」を制作し、社員全員に配布することにもなった。

私の組織が「ツイてる」連続であったのは〝言霊のおかげさま〟だったのだ。

運を呼び込むために

キャッチフレーズの言霊シャワーであなたの「ツイてる未来」をつくれ。

40

幸運を呼ぶ〝謙虚パワー〟を鍛え上げろ

運に見放されて失敗が続き、思い悩んでいるときには、たいてい「謙虚さ」を失っているものだ。

謙虚さの喪失によって、本来なら〝天使の声〟であるはずの仲間からのアドバイスも「文句や妬《ねた》みの声」にしか聞こえなくなり、〝神の警告〟であるはずの親や上司からの金言も「説教やおせっかい」にしか思えなくなる。

経営者がイエスマンばかりを従えて失脚してしまうのも、このパターンであろう。大昔から「実るほど頭《こうべ》を垂れる稲穂かな」という自らを諌《いさ》める諺《ことわざ》も言い伝えられているが、偉くなるほど謙虚さを忘れてしまうようだ。

私たちの日常においても、「ちょっといい気になる」と、すぐしっぺ返しがやってくる。「いい気になるなよ」という試練によってガツンと頭を叩かれ、伸びた鼻をへし折られる。まるで天からのメッセージなのではないかと思うくらい、タイミングよくやってくるものだ。

それでもまだ懲りない面々には、取り返しのつかない悲惨な結末が天からプレゼントされることになる。そこではじめて、どん底から立ち直ろうと、やっと自戒することになるのである。

やっと改心して素直になり、「謙虚さ」を取り戻そうとするまではよいのだが、今度は、その「謙虚さ」をはき違えてしまう人が現れる。

卑屈に媚びてしまうのだ。極度の失敗から自信を失ってしまうのも無理はない。しかし、**謙虚であることと「卑屈になる」こととは違う。**正反対の意味である。

ペコペコと自己卑下して同情を誘うことではない。自己主張を控えて他人の言動に振り回されることでもない。高圧的な者のしもべとなって服従することでも、もちろんない。

本物の自信が土台になければ、謙虚さは生まれないのだ。

自信の裏付けがある「おかげさまで」という〝謙虚パワー〟を発揮するからこそ、幸運に後押しされた好結果が生まれるのである。

筆者である私は、かれこれ20数年以上、稼げる人・稼げない人の入れ替わりが激しい生保業界で、営業所長、支社長、統括部長、本部長などを経験してきた。実体験の中で多くのことを学び、同時に、数多くのマネージャーや営業マンたちと接してきた。

フルコミッション制の生保業界においては、営業マンと同じようにマネージャーもまた結果をシビアに求められる。短期的な成果に浮かれ謙虚さを失ったばかりに、泣く泣く淘汰されていった〝一発屋〟たちも少なくなかった。彼らは、「部下のおかげさま」を忘れ、「俺が、俺が」「私は凄い。私の功績」などと思い上がったマネジメントをしていたために、〝幸運な味方〟が誰もいなくなってしまったのだ。

謙虚になるよう**「あなたが部下を育てたのではなく、あなたが部下に育てられたのだ」**と、いくら私がアドバイスしたところで聞く耳を持ってくれなかった。

一方で私は、「部下のおかげさま」という謙虚な思いで、惜しげもなく部下を「出世」させることができた。外資系生保の営業所長のときは、4つの営業所を分離設立することができたし、名古屋支社長のときにも、4人の新支社長と19名の新営業所長を輩出し、次々と新支社を分離設立するに至った。

この場合、目先の利益だけを計算してみると、私には一銭の儲けもない。マネージャーといえども一事業主なのだ。損得だけでいえば大幅な収入減になってしまう。

優秀な部下は「のれん分け」せずに、囲っておくほうが得策なのである。

しかし私は、部下への恩返しのつもりで巣立つことを応援してきた。おかげで、私の組織は活性化され、新しい人材とともに「運気」が怒涛の如く押し寄せてきたのだ。

やがて生保業界では類を見ない一大組織を構築する快挙を成し遂げ、淘汰されることなく数千万円の年収を二十数年間にわたり稼ぎ続けることができた。それらの功績は、明らかに私一人の力で得たものではない。すべては**〝多くの仲間とたくさんの幸運〟が味方してくれたた「おかげさま」**なのだ。

8冊にも及ぶ書籍の出版を果たし、それらはベストセラーにもなったが、これもまた、多くの皆様からの「応援のおかげさま」。そして「運のおかげさま」なのである。

運を呼び込むために

「自分、自分」という傲慢さを捨て、「おかげさま」の気持ちを行動で示せ。

【著者紹介】

早川　勝（はやかわ・まさる）

◉――1962年神奈川県生まれ。1989年、世界有数のフィナンシャルグループを母体とする外資系生保に入社。営業の最前線において圧倒的な成果を挙げ、数々のタイトルを獲得。1995年に、池袋支社営業所長に就任。社内で最大かつ最高の生産性を誇るコンサルティングセールス集団を創り上げ、No.1マネジャーの称号を得る。1999年に名古屋支社長に就任。どん底支社を再生させ、100名中35名のMDRT（Million Dollar Round Tableの略、世界79の国と地域でトップ６％が資格を有する卓越した生保のプロによる世界的な組織）会員を擁する組織を構築。主要項目「10冠王」を獲得し、「連続日本一」となる。

◉――2008年、大手生保より「伝説のカリスマ支社長」として、過去に例のない破格の待遇でヘッドハンティングされる。その一方で、豊富なキャリアの中で培った能力開発に関する執筆活動や講演活動などを行い、延べ3000人以上のトップセールスマンを指導・育成し、数多くのMDRT会員を育ててきた。その後も生保各社からオファーを受け、営業組織の統括部長や営業本部長として、歴史的改革や新規プロジェクトの指揮を執る。現在も、生保業界の最前線で活躍中。

◉――著書に、『死ぬ気で働いたあとの世界を君は見たくないか!?』『死ぬ気で働くリーダーにだけ人はついてくる』『死ぬ気で働く営業マンだけがお客様に選ばれる』（いずれも小社刊）、『どん底営業チームを全国トップに変えた魔法のひと言』（日本能率協会マネジメントセンター）など多数。

死《し》ぬ気《き》で行動《こうどう》する人《ひと》にだけ運《うん》は必《かなら》ず味方《みかた》する　〈検印廃止〉

2015年11月16日　　第１刷発行

著　者――早川　勝©
発行者――齊藤　龍男
発行所――株式会社かんき出版
東京都千代田区麹町4-1-4 西脇ビル　〒102-0083
電話　営業部：03(3262)8011㈹　編集部：03(3262)8012㈹
FAX　03(3234)4421　　振替　00100-2-62304
http://www.kanki-pub.co.jp/

印刷所――シナノ書籍印刷株式会社

　ISBN978-4-7612-7129-9 C0030